MARCO POLO

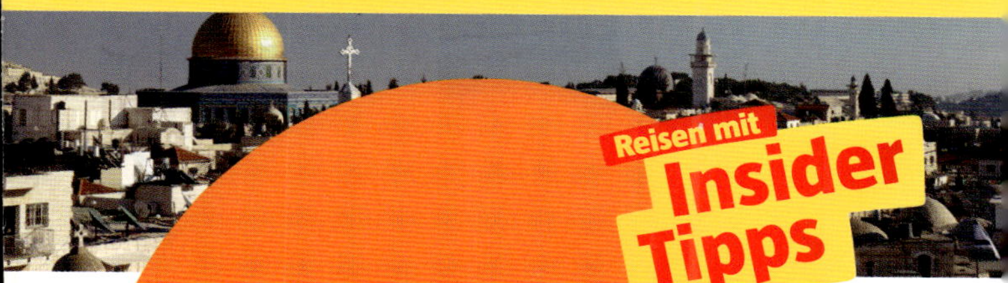

Reisen mit Insider Tipps

ISRAEL

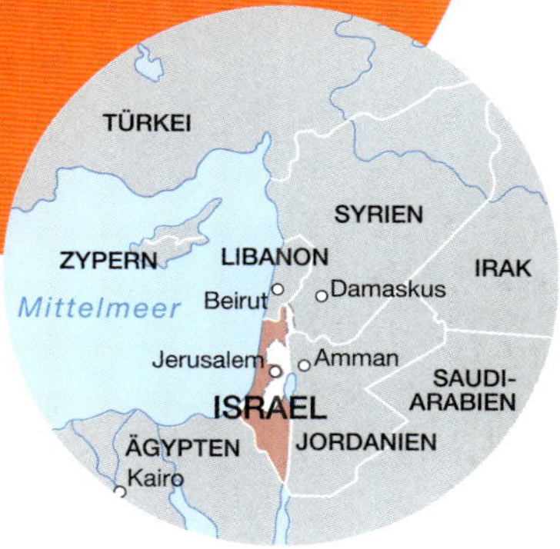
TÜRKEI
SYRIEN
ZYPERN
LIBANON
IRAK
Mittelmeer
Beirut
Damaskus
Jerusalem
Amman
SAUDI-ARABIEN
ISRAEL
ÄGYPTEN
JORDANIEN
Kairo

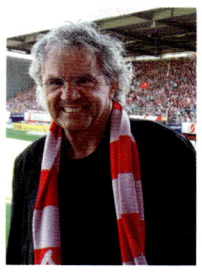

MARCO POLO Autor
Gerhard Heck

Seitdem Gerhard Heck vor über drei Jahrzehnten zum ersten Mal in einem Kibbuz arbeitete, lässt ihn Israel nicht mehr los. Fasziniert von der lebendigen Geschichte des Landes, der man auf Schritt und Tritt begegnet, und dem Aufeinandertreffen von Moderne und Tradition reist er nunmehr seit 1985 regelmäßig als Journalist und Reiseführerautor ins Heilige Land.

www.marcopolo.de/israel

Die besten Insider-Tipps → S. 4

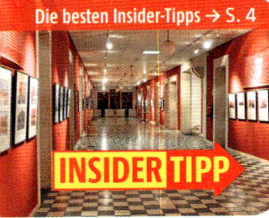

INSIDER TIPP

Best of ... → S. 6

Die Mittelmeerküste → S. 32

Der Norden → S. 54

SYMBOLE

INSIDER TIPP   Insider-Tipp

★   Highlight

● ● ● ●   Best of ...

☼   Schöne Aussicht

☺   Grün & fair: für ökologische oder faire Aspekte

PREISKATEGORIEN HOTELS

€€€   über 100 Euro

€€   50 – 100 Euro

€   unter 50 Euro

Preise für zwei Personen im Doppelzimmer mit Frühstück

PREISKATEGORIEN RESTAURANTS

€€€   über 40 Euro

€€   25 – 40 Euro

€   unter 25 Euro

Preise für ein Essen mit Vor-, Haupt- und Nachspeise, ohne Getränke

Titelthemen: Vor der Zerstörung von Dadaisten gerettet S. 43 | Lagerfeuerromantik im Negev S. 89

INHALT

Jerusalem→ S. 64

Der Süden→ S. 86

Ausflüge & Touren → S. 96

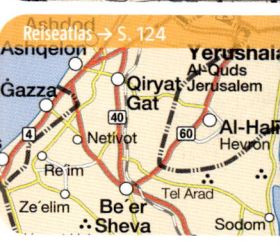
Reiseatlas → S. 124

GUT ZU WISSEN
Geschichtstabelle → S. 12
Spezialitäten → S. 26
Der Beginn des Shabbats
→ S. 46
Gay Tel Aviv → S. 49
Bücher & Filme → S. 52
Briefkasten Gottes → S. 75
Mit der Straßenbahn durch
Jerusalem → S. 82

KARTEN IM BAND
(126 A1) Seitenzahlen
und Koordinaten verweisen
auf den Reiseatlas
(0) Ort/Adresse liegt außerhalb des Kartenausschnitts
Es sind auch die Objekte mit
Koordinaten versehen, die
nicht im Reiseatlas stehen
(U A1) Koordinaten für die
Karte von Jerusalem im hinteren Umschlag

UMSCHLAG HINTEN:
FALTKARTE ZUM
HERAUSNEHMEN →

FALTKARTE 🗺
(🗺 A–B 2–3) verweist auf
die herausnehmbare Falt-
karte
(🗺 a–b 2–3) verweist auf
die Zusatzkarte auf der Faltkarte

Die besten MARCO POLO Insider-Tipps

Von allen Insider-Tipps finden Sie hier die 15 besten

INSIDER TIPP **Ein Lebenswerk für die Erinnerung**
Der Kibbuz Lohamei Hagetaot nahe Akko bewahrt die Geschichte der Überlebenden des Warschauer Gettos u. a. in Filmen, Fotos und Büchern → S. 36

INSIDER TIPP **Meerblick und Seewind**
Im alten Hafen Tel Avivs verbindet das junge Restaurant Boya seine einmaligen kulinarischen Genüsse mit Kunst und Kultur → S. 48

INSIDER TIPP **Unter kritischen Freunden**
Im Khan Zaman in der ostjerusalemer Nablus Road trifft sich die NGO-Szene bei Bar-Atmosphäre zum Shisha-Rauchen → S. 79

INSIDER TIPP **Art-déco-Hotel Neve Tzedek**
Nahe dem Strand kann man in Tel Avivs historischem Viertel Neve Tzedek in einem sehr liebevoll restaurierten kleinen Haus gleichen Namens übernachten → S. 51

INSIDER TIPP **Israels schönste Jugendherberge**
Am Ufer des Sees Genezareth liegt die Jugendherberge Karei Deshe, die – umgeben von Palmen und viel Grün – mit wenig üblichem Jugendherbergsflair aufwartet. Ein guter Ort, um sein müdes Haupt zu betten → S. 60

INSIDER TIPP **Am Ort der Bergpredigt**
Nördlich des Sees Genezareth kann man bei Tabgha auf Jesu' Spuren wandeln und den Berg der Seligpreisung hochkraxeln. Hier oben betete Jesus erstmalig das Vaterunser. Der Ausblick ist grandios → S. 60

INSIDER TIPP **Im Luftkurort**
Nur wenige Kilometer von Jerusalem entfernt, aber trotzdem eine andere Welt. Es lohnt sich, in sie einzutauchen. Der Luftkurort Ramallah, gleichzeitig Sitz des palästinensischen Präsidenten, floriert, auf den Straßen begeistern Cafés und Restaurants → S. 84

INSIDER TIPP Dem Wunder ganz nah

In der Nähe von Nazareth liegt das kleine Kefar Kana, das aus der Bibel als Ort der Hochzeit von Kana'an bekannt ist. Hier vollbrachte Jesus das Wunder, Wasser in Wein zu verwandeln → S. 58

INSIDER TIPP Der beste Humus Jerusalems

Bei Abu Shukri zwischen der Station 4 und 5 der Via Dolorosa gibt es die beste arabische Küche der Stadt → S. 77

INSIDER TIPP Speisen mit Jerusalem als Kulisse

Das Terrassenrestaurant King's Garden bietet eine hervorragende Küche und eine traumhafte Aussicht hinüber zur Altstadt → S. 78

INSIDER TIPP Den Kaffee im Garten genießen

Einst Wohnhaus der Malerin Anna Ticho, heute ein schönes Gartenrestaurant und Museumscafé in Jerusalem → S. 78

INSIDER TIPP Die edelste christliche Pilgerstätte

Der Vatikan ist Besitzer von Notre Dame de Jerusalem. An diesem edlen Ort übernachten Bischöfe, Priester und Pilger, aber auch Laien sind herzlich willkommen → S. 81

INSIDER TIPP Zu Gast beim Wiener Erzbischof

Im österreichischen Hospiz wohnt man in der Altstadt Jerusalems exterritorial (Foto li.) → S. 81

INSIDER TIPP Wie Schwalbennester an einer Felswand

Das St.-Georgs-Kloster im Wadi Qelt besitzt eine aufregende Architektur und ist nur über einen beschwerlichen, aber eindrucksvollen Wanderweg zu erreichen (Foto u.) → S. 85

INSIDER TIPP Jüdischer Jahreswechsel

Am Rosh-Ha-Shanah-Fest sollte man unbedingt eine Synagoge besuchen und das Shofar hören → S. 108

BEST OF ...

TOLLE ORTE ZUM NULLTARIF
Neues entdecken und den Geldbeutel schonen

● *Trommeln bei Sonnenuntergang*
In Tel Aviv begrüßen unfromme Israelis am frühen Freitagabend den Shabbat auf ihre Weise: Sie versammeln sich mit Trommeln am Strand und geben Ihnen zwei Stunden lang ein Gratiskonzert → S. 40

● *Zu Gast bei Taufen*
Mehrere Taufen gleichzeitig bestaunen? Der *Kibbuz Kinneret* am See Genezareth lädt Sie ein, perfekt organisierten, eindrucksvollen christlichen Taufzeremonien ganz umsonst beizuwohnen → S. 100

● *Der Regierung auf die Finger schauen*
In der *Knesset,* dem israelischen Parlament in Jerusalem, wird heftig um die Zukunft des Landes gestritten. Wer will da nicht mal live erleben, was sonst nur durch Nachrichtensendungen transportiert wird? Die Politiker streiten zwar auf Hebräisch, aber die kostenlosen Führungen sind auf Deutsch → S. 81

● *Im ältesten Stadtteil Tel Avivs*
Beim Spaziergang durch *Old Yafo* lernen Sie dazu. Eine kostenlose Tour, auf der Ihnen Geschichte und Alltag des Viertels nähergebracht wird, macht das jeden Mittwoch möglich → S. 47

● *Fast wie im Freilichtmuseum*
Das Jerusalemer Stadtviertel der „Hundert Tore", *Mea Shearim,* erinnert an ein osteuropäisches Schtetl des 19. Jhs. und gleicht einem Open Air Museum jüdischer Orthodoxie. Züchtig gekleidet und unter Einhaltung der Shabbat-Gebote sind Sie als Besucher willkommen (Foto) → S. 74

● *Gartenspaziergang*
Haifa besitzt die perfektesten Gärten Israels. Sie gehören den Bahai und erstrecken sich terrassenförmig den *Berg Carmel* hinab. Blumenfreunde erleben bei einer kostenlosen Führung entlang der gepflegten Kieswege nicht nur eine exotische Blütenpracht, sondern genießen bei jedem Schritt die Aussicht auf die Stadt → S. 38

● ● ● ● Diese Punkte zeichnen in den folgenden Kapiteln die Best-of-Hinweise aus

TYPISCH ISRAEL
Das erleben Sie nur hier

● *Im Kibbuz*

Vor 100 Jahren gründeten die ersten zionistischen Siedler die Kibbuzim. Heute erfreuen sich diese Gemeinschaftssiedlungen als Gästehäuser großer Beliebtheit, darunter *En Gev* am See Genezareth → S. 61

● *Natürlich koscher*

Überzeugen Sie sich von der schmackhaften koscheren Küche im *Café Batia* in Tel Aviv. Es hat das begehrte Zertifikat des Rabbinats nicht im Wettbewerb unter Spitzenköchen, sondern als Beleg bibeltreuer Speisezubereitung erhalten → S. 48

● *Auf den Spuren der Bibel*

In keinem anderen Land der Welt kommen Sie den in der Bibel geschilderten Ereignissen so nahe wie in Israel. Besuchen Sie die *Verkündigungskirche* in Nazareth, wo Maria von der nahenden Geburt Jesu' erfahren haben soll → S. 57

● *Shabbat an der Klagemauer*

Freitagabends kurz vor Sonnenuntergang strömen Scharen von frommen Juden feierlich gekleidet durch die Altstadt Jerusalems zur *Klagemauer*. Dort begrüßen sie ihren Feiertag mit intensiven Gebeten; Zuschauen ist erlaubt, Fotografieren am Shabbat nicht (Foto) → S. 73

● *„The Wall"*

Wer an der 8 m hohen *Schutzmauer* aus Beton im Jerusalmer Stadtteiler El Tur, entlangläuft, wird Zeuge vieler künstlerischer und politischer Graffitis an dieser „Leinwand" der Geschichte, die zur Abgrenzung der Westbank errichtet wurde → S. 76

● *Heldenepos*

Über den „Schlangenpfad" oder mit der Seilbahn geht's hinauf zur Festung *Massada* am Toten Meer. Hier erfahren Sie in einer spektakulären Sound-and-Light-Show, warum dieser Ort, der für den Staat Israel der Mythos heldenhaften Judentums ist, nie wieder fallen darf → S. 93

● *Drei Religionen – ein Land*

Erleben Sie im *Wadi Nisnas* in Haifa, wie bei Weihnachten, Hannukah und Ramadan die unterschiedlichen Glaubensvorstellungen miteinander feiern → S. 40

TYPISCH

BEST OF ...

SCHÖN, AUCH BEI HITZE
Aktivitäten, die Laune machen

WETTER

● *Zu Gast bei den Philharmonikern*

Das weltbekannte philharmonische Orchester spielt unter Zubin Mehta bei jedem Wetter und nicht nur abends. Eine Online-Kartenreservierung für ein Konzert im *Frederic-Mann-Auditorium* ist ratsam → S. 50

● *Unter Tage*

Die christlichen Kreuzritter haben die Hafenstadt *Akko* als Festung ausgebaut und 200 Jahre lang als ihren Nachschubhafen aus Europa genutzt. Heute erkunden Sie die prächtigen Zeremoniensäle der Templer und ihre Wehrgänge unter der Erde (Foto) → S. 35

● *Einkaufen bis zum Umfallen*

Ab in die Shoppingmalls, sie bieten kühlende Atmosphäre in Israels Hitze! In der *Jerusalem Mall* shoppen Sie sich auf drei Etagen durch ein großes gehobenes Sortiment an Mode, darunter internationale edle Marken. Zwischendurch bringt eine Pause neue Energie → S. 78

● *Geschichte erleben*

Im *Israel-Museum* in Jerusalem, dem größten und bedeutendsten Museum des Landes, vergessen Sie die Zeit. Besonders empfehlenswert: die Ausstellung der alten Bibeltexte aus Qumran und die maßstabsgerechte Rekonstruktion Jerusalems zur Zeit der Römer → S. 73

● *Unterwasserfreu(n)de*

Im *Underwater Observatory Marine Park* erleben Sie die wunderbare Meereswelt in Eilat, ohne dafür ins kühle Nass springen zu müssen. Hier tummeln sich auch Haie und Meeresschildkröten. Wer es ausgefallen mag, steigt ins Glasbodenboot und lässt sich durch die Unterwasserwelt fahren → S. 90

● *Im Kunstwerk*

Auf den Spuren der Römer zu wandeln, eine genüssliche Ausstellungstour durch die Kunstgalerien zu machen oder sich in einem der Restaurants niederzulassen – das alles ist im architektonisch kunstvoll gestalteten *Castra* in Haifa unter einem Dach möglich → S. 38

ENTSPANNT ZURÜCKLEHNEN
Durchatmen, genießen und verwöhnen lassen

● Im Trubel Jerusalems von Ruhe umgeben
Am Rande der Kieswege mahnt ein kleines Schild die Besucher zur Stille. Inmitten der uralten knorrigen Olivenbäume im *Garten Gethsemane* und in der angrenzenden Kirche der Nationen, in der ebenfalls nicht gesprochen werden soll, spürt man die Kraft der Ruhe → S. 75

● Schwimmen ohne unterzugehen
Sich aufs Wasser legen, schwimmen, ohne sich bewegen zu müssen, geschweige denn unterzugehen, das ist 400 m unter dem Meeresspiegel im *Toten Meer* ein einmaliges Erlebnis (Foto) → S. 95

● Wellness in Jerusalem
Auch in der heiligsten Stadt hat der Körper Anspruch auf irdisches Wohlbefinden. Wer heilende Kräuteraufgüsse genießen und sich mit wohlriechenden Ölen massieren lassen möchte, ist bestens im *American Colony Hotel* aufgehoben → S. 80

● Gefühlsmomente in Tiberias
Romantik pur erwartet Sie an der Strandpromenade *Tayyelet!* Am Ufer des See Genezareth sitzen und den atemraubenden Blick auf die Höhenzüge des Golan mit der tief stehenden Sonne genießen, dazu die vor sich hin dümpelnden Boote – wo wollte man sonst lieber sein? → S. 59

● Über den Dächern von Jerusalem
Verabschieden Sie den Tag beim Ruf des Muezzin auf dem Dach einer edlen vatikanischen Pilgerherberge gegenüber der Jerusalemer Altstadt. Im *Roof Top* hält bei „Wine and Cheese" die Welt einen Moment still → S. 78

● Sonnenbaden in Tel Aviv
Wenn morgens die Jogger verschwunden sind, beginnt der Strandtag in *Tel Aviv.* Der lange Sandstrand wird gehegt und gepflegt und bietet, wenn gewünscht, auch die Möglichkeit, getrennt nach Geschlechtern zu entspannen und das Sonnenbad zu genießen → S. 50

ENTSPANNT

AUFTAKT

ENTDECKEN SIE ISRAEL!

Israel: das Land der sonnigen Badeferien, der bildungsbefrachteten Studienreisen und der archäologischen Exkursionen, das Land weltentrückter Pilgerreisen, der Bibel und des Herrn, das Zentrum dreier Weltreligionen und ihrer heiligen Stätten. Und das Land, in dem Palästinenser und Israelis seit 60 Jahren unversöhnlich auf ihren „Rechten" beharren, und damit Ausgangspunkt und Zentrum des Nahostkonflikts.

Israel ist ein kleines Land, nur halb so groß wie die Schweiz. Seine vorzüglichen Straßen machen es zu einem Reiseland kurzer Wege. Gerade deshalb kann man mit Muße reisen, um seine Ziele zu erreichen. Die meisten Besucher betreten Israel in der Ankunftshalle des Ben-Gurion-Flughafens in Lod. Hier und erst recht im 23 km entfernten Tel Aviv erlebt man das moderne Israel, sieht keinen wesentlichen Unterschied zu westlichen Metropolen. Ein wenig spürt man aber auch in Tel Aviv das orientalische Flair, riecht fremde Düfte, sieht morgenländisch anmutende Szenen. Ganz europäisch präsentiert sich der Strand entlang der Lahat-Promenade. Hier gleicht die Bademode der in Rimini oder auf Ibiza; nur „oben ohne" ist verpönt.

Bild: Haifa, Blick zum Bahai-Schrein

Zeugen der Geschichte: die uralten Olivenbäume im Garten Gethsemane auf dem Ölberg

Ob Strandurlaub an der Mittelmeerküste oder in Eilat am Roten Meer, es wäre schade, sich in diesem Land nur auf Baden und Sonnen zu beschränken. In jedem Fall muss man „hinauf nach Jerusalem", 800 m hoch in den judäischen Bergen gelegen. Wenn man am frühen Abend hinauffährt und die Sonne hinter Jerusalem untergeht, lange Schatten den kahlen Kalksteinhügeln diesseits und jenseits der Straße noch stärkere Konturen verleihen, kehrt jene Ruhe ein, die „El Kuds", der Heiligen – wie die Araber Jerusalem nennen –, angemessen ist. Am besten wandert man morgens durch die Altstadt, wenn das Leben erwacht. Die palästinensischen Bazarbesitzer dekorieren dann ihre Waren, an der Klagemauer begrüßen fromme Juden den Tag mit „Höre Israel, der Herr ist unser alleiniger Gott", Franziskaner eilen in ihren braunen Kutten zur Grabeskirche, durch die engen Gassen patrouillieren junge israelische Soldaten.

Tiefe Frömmigkeit, das Bewusstsein, von Gott, Jahwe oder Allah „auserwählt" zu sein, die Gewissheit, als Einziger über die richtige Auslegung zu verfügen, scheint Menschen unterschiedlicher Religionen mehr zu trennen als zu verbinden. Das spürt man in Israel an vielen Orten nicht nur zwischen den drei monotheistischen Weltreligionen,

1500 v. Chr.
Hirtenstämme wandern aus Mesopotamien (heute Irak) nach Palästina ein

957 v. Chr.
König Salomon errichtet den Ersten Tempel in Jerusalem

587 v. Chr.
König Nebukadnezar II. zerstört den Ersten Tempel. Die Zeit der sogenannten „Babylonischen Gefangenschaft" beginnt

70
Der römische Kaiser Titus zerstört den Zweiten Tempel. Das Gebiet Palästina wird danach von den Mächten, die jeweils den Nahen Osten beherrschen, kontrolliert

sondern auch innerhalb jeder einzelnen Glaubensgemeinschaft. In Jerusalem kulminiert der nahöstliche Konfessionswirrwarr. Allein im christlichen Viertel der Altstadt residieren die Würdenträger von zwei Dutzend christlichen Kirchen, und Besucher aus dem Abendland lernen hier zum ersten Mal in ihrem Leben die Vielfalt der Christenheit kennen.

Bei den Juden ist es weniger die konfessionelle Vielfalt als die alltägliche Auseinandersetzung um die rechte religiöse Lebensweise auf Erden, die die Unterschiede ausmacht. In diesen Konflikt werden auch Besucher einbezogen, besonders am Shabbat im Jerusalemer Stadtteil Mea Shearim. In diesem Viertel treffen Besucher auf jüdisches Leben, wie sie es bestenfalls aus literarischen Darstellungen osteuropäischer Schtetl kennen. Auch wenn Mea Shearim wie eine exotische Enklave erscheint, der Einfluss des jüdischen Fundamentalismus ist groß in Israel: Im politischen Leben sind die religiösen Parteien seit der Staatsgründung stets das Zünglein an der Waage und das Oberrabbinat wacht streng darüber, dass auch heute noch jüdische Lebensweise mit den Regeln der Thora in Einklang stehen.

Außerhalb der großen Städte, beispielsweise im Norden Galiläas, spürt man von den politischen oder religiösen Bewegungen des Landes wenig. Zypressen und Olivenbäume bestimmen die Land-

> **Der See Genezareth speist auch den Negev**

schaft. Von Bergketten umrahmt liegt hier im Norden 200 m unter dem Meeresspiegel der See Genezareth, dessen Wasser heute sogar dem Negev zugute kommt. Unweit des Kibbuz Deganya, des ersten in Palästina gegründeten (1908), tritt der Jordan aus dem See aus, um nach etwa 100 km im Toten Meer zu versiegen.

1918
Großbritannien sichert sich Palästina als Mandatsgebiet des Völkerbunds

1947
Die UN schlagen eine konföderative Teilung Palästinas vor

1948
Am 14. Mai ruft David Ben-Gurion in Tel Aviv den Staat Israel aus

1967
Israel erobert die Golan-Höhen, die Westbank sowie den Sinai. Die UN fordern den israelischen Rückzug

1973
Yom-Kippur-Krieg. Israel beginnt mit der Besiedlung der eroberten Gebiete

Heute bildet der Jordan die faktische Ostgrenze Israels, denn seit der Eroberung der palästinensischen Westbank im Sechs-Tage-Krieg von 1967 beginnt Jordanien am Jordan. Am südlichen Ende des Jordantals liegt Jericho, bis 1999 vor Ramallah Verwaltungshauptstadt des zukünftigen Palästinenserstaates. Von Jericho benötigt man eine Autostunde bis nach Jerusalem, in dessen Altstadt der Hauch von 3000 Jahren Geschichte noch zu spüren ist. Wer einmal auf der von Sultan Suleiman 1540 errichteten Mauer entlangläuft, kann viel davon in und außerhalb der Altstadt entdecken:

3000 Jahre Geschichte prägen Jerusalem

Jerusalem ist die geschichtsträchtigste Stadt Israels. Auch jener schrecklichen Epoche, die der Gründung des Staates Israel unmittelbar vorausging, wird hier gedacht. Das Mahnmal des Holocaust, die Gedenkstätte Yad Vashem, konfrontiert die Besucher mit nur schwer zu ertragenden Dokumenten. Immer wieder wird man in Israel gefragt, wie so etwas ausgerechnet in Deutschland möglich war und warum so wenige den Mut hatten, sich dagegen zu erheben. „Wiedergutmachung" für diesen Völkermord kann es nicht geben, wohl aber für alle Deutschen die Verpflichtung, jedweder Menschenverachtung und nationalistischem Pathos entschieden entgegenzutreten – weltweit, vor allem zu Hause, aber auch in Israel.

Anfang der 1990er-Jahre sah es so aus, als hätte der Frieden eine Chance im Nahen Osten. 1994 erhielten Simon Peres, Yitzhak Rabin und Yassir Arafat den Friedensnobelpreis, weil sie eine Vereinbarung erarbeitet hatten, an deren Ende zwei unabhängige, sich gegenseitig anerkennende Staaten stehen sollten. Aber Yitzhak Rabin wurde am 4. Nov. 1995 von einem jüdischen Fanatiker ermordet. Unter Ministerpräsident Ariel Sharon eskalierte schließlich die Situation durch die Selbstmordattentate einzelner Palästinenser und israelischerseits durch den Bau einer Betonmauer zwischen Israel und der Westbank, die zudem völkerrechtswidrig zum Teil auf dem besetzten Gebiet des zukünftigen Palästinenserstaates verläuft. Der israelische Abzug aus dem Gaza-Streifen im gleichen Jahr erfolgte zu spät, um als Friedensgeste gewertet zu werden. In Gaza regiert seitdem die radikale Hamas in Konfrontation mit dem 2005 gewählten Nachfolger von Yassir Arafat, dem Präsidenten Mahmoud Abbas in Ramallah. Seit den ersten Friedensgesprächen vor zwanzig Jahren im norwegischen Oslo gab es stets Versuche für einen Frieden, die aber an den Gebietsansprüchen Israels jenseits seiner Grenzen von 1967 scheiterten. Dabei spielten die israelischen Siedlungen in der

1979	1987	1993	1995	ab 2001	2005
Rückgabe des Sinai an Ägypten (Camp-David-Abkommen)	Auflehnung der Palästinenser in den besetzten Gebieten (1. Intifada)	Gaza-Jericho-Abkommen	Yitzhak Rabin wird ermordet; Friedensprozess stockt	2. Intifada, palästinensische Selbstmordattentate	Räumung des Gaza-Streifens. Israel baut Mauer z. T. auf Palästinenser-Gebiet

Westbank eine erhebliche Rolle. 2011 hat der US-amerikanische Präsident Obama zum ersten Mal öffentlich diese Grenzlinie für eine Zwei-Staaten-Lösung ins Gespräch gebracht. Damit näherten sich die

Wie greifbar ist der Frieden?

USA den Forderungen der UN an. Vielleicht hat nach diesen Vorgaben der größten Schutzmacht Israels der Friede jetzt eine bessere Chance.

Viele Stolpersteine liegen noch auf dem Weg des Friedens. Mit Israelis dieses hochsensible Thema zu diskutieren, ihnen Fragen zu stellen, weniger die eigenen Ansich-

Hoch über dem palästinensischen Jericho klebt das Kloster der Versuchung am Fels

ten zu verkünden, ihre Meinung zu hören, das ist für Besucher ohne Schwierigkeiten möglich. Man kann zwanglos mit Mitgliedern des israelischen Naturschutzvereins wandern, in einem Kibbuz wohnen, bei archäologischen Ausgrabungen mitbuddeln. Immer trifft man dabei Israelis, die sehr offen, manchmal auch sehr kritisch über ihr Land reden.

2008 Krieg im Gaza-Streifen

2009 Benjamin Netanjahu wird Ministerpräsident

2010 Der völkerrechtswidrige Siedlungsbau in der Westbank ruht für kurze Zeit

2011 Beginn des „Arabischen Frühlings". Ägyptens Präsident Mubarak stürzt, Grenzöffnung zum Gaza-Streifen. Palästina beantragt Aufnahme in die UNO

2012 In Jerusalem protestieren orthodoxe Juden für Geschlechtertrennung in öffentl. Verkehrsmitteln

IM TREND

1 Koscher & köstlich

Neue Küche Traditionelle Essensvorschriften und moderne Küche sind kein Widerspruch. Das zeigt Chefkoch Kobi Dellal in seinem Feinschmeckerlokal *Tokopaya (HaPatish 6, Tel Aviv)*. Auch die Kollegen im Grillrestaurant *Meatos* wissen mit den Geboten umzugehen und zaubern überzeugende Leckerbissen *(Weizmann 2, Tel Aviv, www.meatos.co.il)*. Im *Deca* liegt der Fokus auf mediterraner Gourmetküche. Himmlisch *(HaTa'asiya 10, Tel Aviv, deca.rest-e.co.il)*!

Am Seil

2

Bergab An den imposanten Felsformationen des Landes kommen auch Abseiling-Einsteiger gut voran. Gesichert mit Seil und Helm geht es von oben hinab in die Canyons. Abenteuerlustige schlagen sich dann noch an den Flussläufen entlang, beispielsweise mit dem Team von *Eretz Hatzvi Events (www.israel-al.com, Foto)*. Weitere Abseil-Profis sind *www.ashdot.info, www.israelextreme.com* und *www.israel-outdoor-adventures.com,* die in ganz Israel Touren anbieten.

Auf Wiedersehen

3

Recycle Art Aus Kronkorken und Dosen lässt *Yoav Kotik* Schmuckstücke entstehen *(www.kotik-design.com, Foto)*, alte Plastiktüten sind das Ausgangsmaterial für Inbal Limors Skulpturen, und Merav Feiglin benutzt jeden Abfall – von der Zahnbürste bis zur Plastikpuppe – für ihre Kunstwerke. Der Trend, aus Müll Kunst zu machen, ist allgegenwärtig. Wer einen Einblick in die Recycle Art erhaschen will, macht eine Führung bei Merav Feiglin mit oder legt in ihrem Studio ein Müll-Mosaik *(Givat Shapira, www.meravart.com)*. Auch Bosmat Niron recycled für ihre Kunst und erschafft so ganz Praktisches wie Outdoormöbel aus Flaschen *(www.bosmatniron.com)*.

Literatur to go?

Für Bücherwürmer In Israels Cafés ist Multitasking angesagt. Passend zum Cappuccino wählen die Gäste in mehr als 200 Lokalen auch noch etwas Gehaltvolleres aus dem Menü. Die Kaffeehäuser verkaufen nämlich nicht nur Kaffee, sondern auch Secondhand-Bücher. Das Projekt namens „Same Old Story" entwickelt sich zu einem Riesenerfolg – vor allem weil die Cafébesucher nicht nur kaufen, sondern auch Bücher tauschen können *(rebooks.org.il, Foto)*. Eines der Cafés, das auf den Zug aufgesprungen ist, ist das liebenswerte *Muskat*, wo es obendrein auch noch Mode und Designgegenstände gibt *(HaDekel St., Udim, www.muskat.org.il)*. *Ian's House of Coffee* besitzt im ganzen Land Filialen. Fairtrade-Produkte und Literatur gehören in allen Cafés zusammen *(Ibn Gvirol St. 90, Tel Aviv, www.ilans.co.il)*.

4

Very fashionable

Tel Aviv-Look Die lebendige Metropole am Meer inspiriert die Nachwuchsdesigner: Extravagante Schnitte und Materialien, ausgefallene Kombinationen und Neuinterpretationen hängen hier an den Kleiderstangen. Tragbar – und bezahlbar – sind die Sachen dennoch. Wie die Mode von Helena Blaunstein alias *Frau Blau (Ha'Hashmal 8, www.fraublau. com, Foto)*. Bei *Mizo* treffen konservative Schneiderkunst und urbane Modetrends aufeinander. Der leicht asiatische Einschlag der Kreationen ist gelungen *(Shabazi St. 51, www.mizo.co.il)*. Bei *Tovale's* werden nicht nur Frauen stilgerecht eingekleidet, sondern auch der Nachwuchs. Da fühlen sich Mädchen wie Prinzessinnen *(Dizengoff St. 220, www.tovale-s.com)*.

5

STICHWORTE

BESETZTE GEBIETE

Israel hält seit seinem militärischen Sieg von 1967 die syrischen Golan-Höhen und den größten Teil der Westbank, jene westlich des Jordans gelegenen ehemaligen Gebiete Jordaniens, besetzt, auf die Jordanien zugunsten eines Palästinenserstaates verzichtet hat. Aber anhaltende militärische Besetzungen nach einem Sieg sind gemäß Völkerrecht rechtswidrig und werden von den UN regelmäßig verurteilt. Den knapp 40 Jahre lang besetzten Gaza-Streifen räumte Israel 2005. Die Palästinenser verwalten autonom bisher nur wenige Teilgebiete (sog. A-Zonen). In der Westbank sind das voneinander isolierte Städte wie Hebron, Nablus, Ramallah oder Jericho, in die israelisches Militär jederzeit eindringen kann.

BEVÖLKERUNG

Auf dem Staatsgebiet Israel (in den völkerrechtlich anerkannten Grenzen von 1948 bzw. 1967) leben heute 6,8 Mio. Staatsbürger mit israelischem Pass. Von ihnen sind ca. 5,3 Mio. jüdische und 1,5 Mio nichtjüdische Israelis, die sich wiederum aufteilen in ca. 1,2 Mio Muslime, 130 000 Christen sowie 90 000 Drusen. Israelis sind auch die mehr als 300 000 jüdischen Siedler in der palästinensischen Westbank und ca. 200 000 Juden, die inzwischen im annektierten Ostjerusalem wohnen. Auf den annektierten syrischen Golan-Höhen leben außer den Drusen weitere 7000 jüdische Israelis. Mehr als ein Drittel der israelischen Juden ist nicht im Land geboren, sondern eingewandert.

Bild: Kibbuz am See Genezareth

Kibbuz, Sprache, Totes Meer – ein kleines
Lexikon mit Namen, Fakten und Begriffen
zum besseren Verständnis des Landes

ERETZ ISRAEL

Der Anspruch Israels auf die besetzten Gebiete wird politisch damit begrün-
det, dass Gott den Juden ein *Eretz Israel*
(Land Israel) bis zum Jordan verheißen
habe (Genesis 13, 14–17; 15, 18–21). Tat-
sächlich befinden sich in Israels Grenzen
(„grüne" Grenze vor 1967) keine religiös
bedeutenden jüdischen Stätten, nahezu
alle aber in den 1967 eroberten Gebieten.
Weltweit stößt Israel mit der völkerrechts-
widrigen Argumentation, die Thora als
Grundbuch auszulegen, auf Widerspruch.

GAZA-JERICHO-ABKOMMEN

Am 13. Sept. 1993 unterzeichneten Israel
und die PLO in Washington ein Abkommen, das eine palästinensische Teilauto-
nomie für den Gaza-Streifen und Teile der
Westbank vorsieht. Die Weltöffentlichkeit
interpretierte das Abkommen als ersten
Schritt zu einem palästinensischen Staat.
Doch Israel verzögert seinen Rückzug.
Auch die 2002 vereinbarte „Roadmap"
harrt der Verwirklichung. Bisher ist weniger als ein Viertel der Westbank geräumt.

INTIFADA

Der Name *Intifada* kommt vom arabischen Wort für „sich erheben, abschütteln". Zwischen 1987 und 1993 wehrten sich die Palästinenser in den besetzten Gebieten mit Streiks und Steinwürfen gegen die israelische Militärbesatzung (1. Intifada). Ziel war ein eigener Palästinenserstaat. Mit dem Gaza-Jericho-Abkommen wurde sie offiziell beendet.

JUDENTUM

„Jeder Jude hat das Recht, nach Israel einzuwandern", und jeder jüdische Einwanderer („Rückkehrer") wird seit 1952 automatisch Staatsbürger. Nichtjuden dürfen nicht einwandern. Wer ist Jude? Staatliche Definition: „Jeder ist Jude, der von einer jüdischen Mutter geboren oder zum Judentum übergetreten ist und keiner anderen Religion angehört." Ziel des

Rabbiner studiert eine Schrift im Schatten der Klagemauer

Doch wegen Israels zögerlichen Rückzugs und der Fortsetzung des Siedlungsbaus in der Westbank brach die 2. Intifada aus. Sie richtete sich zunächst nur gegen Israel als Besatzungsmacht, setzte dann aber auch palästinenserseits Selbstmordattentate im israelischen Mutterland ein. Nach Angaben israelischer Zeitungen starben bei der 2. Intifada 1036 Israelis und 3592 Palästinenser. Offiziell beendeten Mahmoud Abbas und Ariel Sharon Anfang 2005 die 2. Intifada. Seit 2007 fühlt sich Hamas im Gaza-Streifen nicht an diese Vereinbarung gebunden.

Staates Israel ist eine kulturell und religiös einheitliche Bevölkerungsstruktur. Grundlage des Judentums ist der *Talmud* (hebr.: Studium, Lehre), die im 6. Jh. verfasste Zusammenstellung jüdischer Glaubensregeln, zu der auch die *Thora* gehört, die hebräische Sammelbezeichnung für die biblischen Fünf Bücher Mose. Sie gelten als Wort Gottes.

Die Juden in Israel unterteilen sich in die Gemeinden der *Ashkenasim* (Juden aus West- und Osteuropa sowie aus den USA. Ihr kulturelles und gesellschaftliches Leben ist europäisch bestimmt) und der

Sephardim (alle Juden afro-asiatischer Herkunft). Ungeachtet dieser Gruppierungen stehen sich in Israel säkulare und orthodoxe Juden gegenüber, besonders die ultrafrommen *Haredim* (kein Wehrdienst, nur Studium der heiligen Schriften, viele Kinder) gewinnen politisch an Einfluss.

KIBBUZ

Als Verwirklichung sozialistischer Gleichheitsideale und aus sicherheitspolitischen Interessen gründeten einwandernde Juden in Palästina ab 1909 eine neue Form landwirtschaftlicher Unternehmen. Kennzeichen: gemeinsames Leben, gemeinsames Eigentum, anfangs auch gemeinsame Kindererziehung. Gegenwärtig leben nur noch drei Prozent der Israelis in einem Kibbuz; viele Kibbuzim unterhalten heute kleine Hotels. *www.kibbutz.org.il*

NAHOSTKONFLIKT

1917 sicherte der britische Außenminister Lord Balfour Baron Rothschild die „Errichtung einer nationalen Heimstätte für das jüdische Volk in Palästina" öffentlich zu. Andererseits hatte 1915 bereits der britische Hochkommissar in Ägypten, Sir Henry McMahon, dem haschemitischen Großsharif von Mekka versprochen, nach dem Ende des Osmanischen Reichs, zu dem bis 1918 formal Palästina und die dort lebende arabische Bevölkerung gehörten, ein unabhängiges Groß-Arabien anzuerkennen und zu unterstützen. Nach 1918 vergaß Großbritannien beide Versprechen und sicherte sich selbst bis 1948 Palästina als Mandatsgebiet des Völkerbunds zu. Die von der UN 1947 vorgeschlagene konföderative Lösung zweier Staaten mit Jerusalem als internationalisierter Stadt kam durch die damalige Ablehnung der arabischen Staaten und die Ausrufung des Staates

Israels durch die jüdischen Bewohner des britischen Mandatsgebietes nicht zustande. Seitdem bestimmten kriegerische Auseinandersetzungen das Geschehen im israelisch-palästinensischen Konflikt, die 1948 zu Vertreibungen und 1967 zu großen territorialen Veränderungen führten. Bis heute gibt es von der UN betreute palästinensische Flüchtlingslager in den benachbarten arabischen Staaten und noch immer hat Israel die 1967 militärisch eroberten Gebiete annektiert (Ostjerusalem und Golan-Höhen) bzw. hält sie seit sechzig Jahren militärisch besetzt (Westbank). Eine friedliche Lösung des Nahostkonflikts ist nicht in Sicht. Auch wenn die Ursachen komplex sind, die meisten Menschen auf beiden Seiten sehen heute den besten Weg zu einem Frieden im Nahen Osten in der Schaffung zweier Staaten. Mit der Anerkennung Palästinas als eigener Staat durch die UN wäre der Nahostkonflikt zwar nicht über Nacht gelöst, aber eine Dynamik in Richtung Frieden nähme nach Jahrzehnten des Stillstands wieder Fahrt auf.

PALÄSTINENSER

Die Palästinenser sind ein arabisches Volk ohne eigenes Territorium. Nachdem in Teilen des historischen Palästina die jüdischen Bewohner des britischen Mandatsgebiets 1948 einen eigenen Staat Israel ausriefen und in dem dadurch ausgelösten ersten Nahost-Krieg Jordanien, Syrien und Ägypten sich des Rests bemächtigten, wurde Israel als Staat von den UN schnell anerkannt, während die Forderung nach einem eigenen Staat für die Palästinenser seitdem Kern des Nahostkonflikts ist.

Die Palästinenser hatten als Folge ihrer Geschichte bisher nicht die Möglichkeit einer kontinuierlichen politischen Vertretung ihrer nationalen Rechte. 1920–48 hatte die britische Mandatsregierung das

Sagen, danach standen Teile unter ägyptischer oder jordanischer Verwaltung und seit 1967 unter israelischer Besatzung. Mit dem Gaza-Jericho-Abkommen erreichten sie 1993 zum ersten Mal auf eigenem Territorium eine autonome Selbstverwaltung.

Heute leben knapp 1,2 Mio. Palästinenser als Minderheit in Israel, ca. 1,9 Mio. in der Westbank und ca. 1,3 Mio. im Gaza-Streifen. In den Flüchtlingslagern Syriens und Libanons leben weitere 800 000 und im arabischen Raum 300 000 Arbeitsemigranten. Von den 3 Mio. Einwohnern Jordaniens sind je nach Schätzung 40–65 Prozent Palästinenser.

Im Laufe der Jahre haben sich die politischen Ziele der Palästinenser und ihrer größten politischen Organisation, der PLO (Palestine Liberation Organization) unter ihrem Führer Yassir Arafat (1929–2004) geändert. Während bis 1967 im bewaffneten Kampf gegen Israel versucht wurde, einen säkularen Staat im britischen Mandatsgebiet Palästina zu erreichen, ist seit der Konferenz in Rabat 1974 ein eigener Palästinenserstaat auf dem Territorium des Gaza-Streifens und der ehemals jordanischen Gebiete der Westbank das Ziel. Seit den ausbleibenden Erfolgen des Osloer Friedensabkommens hat die fundamentalistische Hamas an Einfluss gewonnen.

Anfang 2005 wurde Mahmoud Abbas zum neuen Präsidenten der Palästinenser gewählt. 2006 gewann seine Partei, die *El Fatah,* die Parlamentswahlen, aber im Gaza-Streifen siegte Hamas: Seitdem verschärft sie von dort ihre anti-israelische Position (z. B. durch Raketenabschüsse). Israel antwortet mit Bombardierung und Isolierung des Gaza-Streifens.

REGIERUNG

Israel ist eine parlamentarische Demokratie. Der Ministerpräsident und die 120 Abgeordneten des Parlaments *(Knesset)* werden für vier Jahre von allen Israelis ohne Aufteilung in Wahlkreise gewählt. Da weder konservative Parteien *(Likud; Kadima)* noch die Arbeitspartei *(Marach)* jemals absolute Mehrheiten erreichen, können die kleinen, meist religiös ausgerichteten Parteien das politische Geschehen wesentlich beeinflussen. Das Staatsoberhaupt (seit 2008 Simon Peres) wird für fünf Jahre von der Knesset gewählt. Der derzeitige Ministerpräsident Israels, Benjamin Netanjahu, stützt sich seit 2009 auf eine Koalition aus rechtskonservativen und politreligiösen Parteien.

SPRACHE

Hebräisch, als die wiederbelebte und aktualisierte Sprache der Juden, und Arabisch sind die offiziellen Landessprachen in Israel. Englisch wird überall im Land verstanden. Die Transkription hebräischer Namen erfolgt nach Gehör. Schreibweisen sind also nur der Versuch, Laute und Intonation des hebräischen Worts in die jeweilige Sprache zu übertragen. Daher findet man für dasselbe Wort oft viele unterschiedliche Schreibweisen in lateinischer Schrift. Der Begriff „Neujahr" wird z. B. *Rosh Ha Shana* oder *Roschhaschana* geschrieben. Oft benutzt man die Transkription, die dem Englischen am nächsten steht. Zunehmend lässt sich feststellen, dass auf Hinweis- und Straßenschildern ausschließlich die hebräische Sprache benutzt wird.

TEMPEL

Der Tempel in Jerusalem war Schauplatz vieler biblischer Ereignisse und das Zentrum jüdischen Glaubens. Der Erste Tempel wurde um 950 v. Chr. von König Salomon errichtet. 563 v. Chr. ließ ihn König Nebukadnezar vollständig niederreißen. Nach ihrer Rückkehr aus babylonischer Gefangenschaft bauten die Juden ab 538 v. Chr. genau an derselben Stelle einen neuen Tempel. Im Jahr 70 zerstörten die Römer diesen Zweiten Tempel. Von diesem zweiten Tempel steht heute nur noch die westliche Begrenzung, die Klagemauer.

So geschieht das Jahr für Jahr. Deshalb ist seit 1980 der See um 21 m gesunken und seine Oberfläche um ein Viertel geschrumpft. Da das Wasser des Jordans, von Israel und Jordanien als Trinkwasser und für die Landwirtschaft genutzt, heute nur noch als Rinnsal das Tote Meer

Der *Shrine of the Book* verwahrt die ältesten Bibeltexte

TOTES MEER

Der große Salzsee am tiefsten frei zugänglichen Punkt der Erde, weltbekannt unter dem Namen Totes Meer, verändert sich dramatisch. Sein Pegel fällt pro Jahr um 70 cm. Wenn nichts geschieht, existiert das Tote Meer in 300 Jahren nicht mehr. Wer am See entlangfährt, sieht die Veränderung an den Ufern. Kurhotels und Badeanlagen, die einst mit ihrer direkten Lage am Ufer um Besucher mit Haut- und Atemerkrankungen warben, liegen mittlerweile landeinwärts weit vom Strand entfernt. Der Rückgang des Wassers hinterlässt jedes Jahr an den Ufern eine schmale, treppenähnliche Terrasse. Sie bildet sich im Winter, wenn der Regen den Verlust ausgleicht, der Pegel ein paar Monate konstant bleibt und die Wellen in dieser Zeit das Ufer aushöhlen.

erreicht, sind seit Jahren zwei Lösungen im Gespräch: eine Pipeline vom Mittelmeer oder ein Kanal vom Roten Meer. Doch ihre Realisierung scheiterte bisher an den Kosten.

ZIONISMUS

Zion ist die symbolische biblische Bezeichnung für Jerusalem und Israel. Der von Theodor Herzl 1897 in Basel einberufene Erste Zionistische Weltkongress formulierte für die in aller Welt verstreuten Juden die Idee einer Heimstätte in Palästina. Diese „Rückkehr nach Zion" wurde 1948 mit der Gründung des Staates Israel erfüllt. Heute steht hinter der Idee des politischen Zionismus auch die Verwirklichung von *Eretz Israel* und damit die Annexion und Besiedlung des Westjordanlands.

ESSEN & TRINKEN

Eine eigenständige, sich von anderen nationalen Essgewohnheiten abgrenzende israelische Küche gibt es nicht. Bewohner und Köche des Landes kochen so, wie schon ihre Eltern kochten, und die sind aus über 80 Ländern eingewandert und haben von dort ihre einheimischen Gerichte mit nach Israel gebracht. Man speist also vorzüglich französisch oder jemenitisch, marokkanisch oder österreichisch, russisch oder polnisch, argentinisch oder ungarisch, und überall gesellt sich orientalischer Einfluss hinzu. Das israelische Frühstück ist üppig. Die meisten Hotels und öffentlichen Cafés offerieren ein Mammutbuffet, bei dem frische Früchte, auf verschiedene Arten zubereitete Eier, viele Käsesorten, Oliven und Gemüsesalate, *Humus* und Joghurt, aber auch geräucherter und marinierter Fisch das übliche Brötchen mit Marmelade ergänzen.

Zum Mittagessen bietet sich die Gelegenheit, orientalische Gerichte kennenzulernen: Israelis beginnen eine Mahlzeit mit *Mezze.* Man kann das Wort Mezze mit Vorspeisen, Snack, Hors d'œuvre oder Appetithäppchen übersetzen, aber keiner dieser Begriffe vermag die breite Palette der in kleinen Schüsselchen servierten, gekochten, gegarten oder rohen Köstlichkeiten wiederzugeben, die auf den Tisch gestellt werden: z. B. gefüllte Weinblätter und *Humus,* gegrillte Hühnerleber und saure Gurken, Zwiebelringe in Essig und eingelegte Steckrüben, *Tabbouleh* und Oliven und *Zhoug* (Chilipaste mit Petersilie und Koriander). Jeder bedient

Alle Köstlichkeiten des Orients – In Israel genießen die Besucher Kebab, Humus und vorzügliche Weine

sich selbst, auch aus dem großen Brotkorb, der immer zur Mezze gehört. Wer von allem etwas auf seinen Teller häuft, gibt sich als Tourist zu erkennen. Israelis wählen die Speisen hintereinander aus, um den Eigengeschmack jeder Köstlichkeit gebührend genießen zu können.

Viele biblische Speisen haben in Israel ihre Bedeutung bis heute behalten. Wichtig sind die Brotarten, die ausschließlich Weizen, Gerste, Hirse und Roggen enthalten. Das runde *Rosh-Ha-Shanah-Brot* symbolisiert Glück, das

Shabbat-Brot ist geflochten, die Größe der *Challah-Brote* hängt vom jeweiligen Feiertag ab. *Pittah-Brot* aus Weizenmehl, Salz, Hefe und etwas Öl begleitet viele Gerichte.

Was fälschlicherweise mit der jüdischen Küche in Zusammenhang gebracht wird und was als Begriff auf jeder Speisekarte Jerusalems auftaucht, ist das Schlüsselwort „koscher". Auf Hebräisch bedeutet es rein, sauber, erlaubt und definiert, ob die Zutaten der Speisen und ihre Zubereitung den religiösen Vorstellungen

SPEZIALITÄTEN

▶ **Blintzes** – süße, mit Quark gefüllte Pfannkuchen

▶ **Felafel** – in schwimmendem Fett gebratene Humusbällchen – werden meist mit Salat in einer Brottasche gereicht

▶ **Gefillte Fisch** – eine Fischfarce mit vielen Zutaten, die in eine Fischhaut gefüllt oder in eine Fischform gebracht wird

▶ **Hamentashen** – dreieckige, mit Marmelade, Sirup oder Zuckerguss gefüllte Plätzchen; eine Spezialität an Purim

▶ **Humus** – sämiger Kichererbsenbrei, gewürzt mit Zitronensaft, Knoblauch, Kümmel und Tahina. Morgens mit warmem Pittah-Brot, mittags/abends mit Knoblauch und Zitronensaft zu gekochten Bohnen; dazu frischer Salat und Oliven (Foto li.)

▶ **Kebab** – gegrilltes oder gebratenes, gut gewürztes Rinder- oder Hammelhackfleisch in Form von Bällchen

▶ **Knisches** – Teigtasche, gefüllt mit Zwiebeln, Kartoffeln und gewürztem Fleisch

▶ **Konafa** – Gebäck mit Honigsirup, Mandeln, Nüssen und Pistazien

▶ **Krupnik** – Suppeneintopf aus Graupen, Bohnen, Gemüse und Fleisch

▶ **Mashi** – gefüllte Auberginen

▶ **Mazze** – ungesäuertes Brot

▶ **Mazzenknejdl** – Klöße aus Brot, Milch und Salz in panierter oder unpanierter Form; Festessen an den Purim-Tagen

▶ **Schischlik** – geröstetes Lamm- oder Rindfleisch am Spieß

▶ **Seniya** – Lamm- oder Rindfleisch in Tahinasauce (*Tahina* ist cremiges Butterfett aus weißen Sesamsamen)

▶ **Sharwarma** – geröstetes Hammel- oder Hühnchenfleisch, das frisch von einem rotierenden Fladen abgeschnitten und mit Salat meist in einem Pittah-Brot gereicht wird

▶ **Shulent** – osteuropäischer Bohneneintopf mit Kartoffeln und fettem Fleisch

▶ **Tabbouleh** – Salat aus geschrotetem Weizen, mit viel Petersilie, Minze und Zitronensaft (Foto re.)

des Alten Testaments entsprechen. Alle Restaurants deklarieren am Eingang, ob sie koscher sind. Erlaubt ist nach Mose das Fleisch jener Tiere, die „ganz durchgespaltene Klauen haben" und zugleich „widerkauen", also Ziegen, Rinder und Schafe. Schweine und Kamele erfüllen diese Bedingungen nicht. Als einzige Schlachtform ist das Schächten erlaubt, das vollständige Ausblutenlassen des toten Tiers. Als unrein gelten Kaninchen, wild lebende Vögel und Meerestiere, „die weder Schuppen noch Kiemen haben". Hummer, Muscheln, Krabben oder Aal stehen deshalb auf keiner kosheren Speisekarte. Vergebens werden Sie in einem kosheren Restaurant auch Fleisch mit einer Sahnesauce suchen, denn die jüdischen Essensregeln *(Kaschrut)* verlangen die strikte Trennung von Fleisch und Milch bei der Zubereitung, deshalb ist sogar zwischen dem Verzehr von Fleisch und Milch ein zeitlicher Abstand von mindestens sechs Stunden einzuhalten. Nach einem Fleischmenü Kaffee mit Milch zu trinken, verstößt gegen das Reinheitsgebot. Um ganz sicher zu gehen, haben koschere Restaurants und strenggläubige Familien deshalb zwei Küchen, getrennte Töpfe, Geschirr und Bestecke jeweils für Fleisch- und Milchgerichte.

Die Israelis mögen Fisch und sie grillen ihn gern auf Holzkohle, abgeschmeckt mit Knoblauch, Zitronensaft und Paprika. Israel deckt seinen Bedarf durch Küsten- und Hochseefischerei im Mittelmeer oder aus Zuchtteichen. Selbst der berühmte St.-Peter-Fisch, der heute rund um den See Genezareth angeboten wird, weil Petrus und die anderen Jünger hier einst ihre Netze auswarfen, stammt nicht mehr aus dem See Genezareth.

Das wohl bekannteste aller Fischgerichte, das einem im Zusammenhang mit jüdischer Kochkunst einfällt, ist der *Gefillte Fisch*. Dabei handelt es sich um eine undefinierbare, zusammengepresste Fischmasse unter einer dicken, gallertartigen Sauce, eine Art Pastete, die nach Fisch riecht und als Fisch geformt serviert wird. Das Gericht stammt wohl aus Polen. Polnische Juden pflegten seit Jahrhunderten gekochten – und deshalb oft zerfallenen – Fisch mit einer gelatineartigen Sauce aus Zucker und Mandeln zu bedecken, um seine Form zu stabilisieren.

Das Abendessen der Israelis ist im Gegensatz zu dem der Araber leicht. Auf die arabische Küche in guten Restaurants in Ostjerusalem und in allen anderen größeren Städten, muss man heute nicht mehr verzichten. Israelische Palästinenser oder aus arabischen Ländern eingewanderte Juden haben ihre Kochkünste bewahrt.

Es ist das Verdienst der Rothschilds, dass man heute in Israel vorzügliche einheimische Weine trinken kann. 1886 schenkte Baron Edmond zionistischen Siedlern, die sich an den Westhängen des Carmel-Gebirges niedergelassen hatten, mehrere Weinpressen. Weil hier Klima und Böden stimmen, konnten nun Juden nach 2000 Jahren im Gelobten Land wieder koschere Weine für ihre religiösen Feiern herstellen. Heute ist die *Carmel Winery*

Edle Tropfen
kommen aus Israel

im Zikron Yaakov unter den über 200 Winzerbetrieben die größte in Israel. Seit vier Jahrzehnten wird auch in den Bergen Galiläas und auf den von Israel annektierten (syrischen) Golan-Höhen Wein angebaut und exportiert.

Für den Restaurantbesuch reicht informelle Kleidung, selbst in den feinen Restaurants. Es gilt ein allgemeines Rauchverbot in allen Restaurants.

EINKAUFEN

Das Warenangebot in Israel unterscheidet sich nicht wesentlich von dem europäischer Länder, zumal ausgefallene Artikel sowieso aus Europa oder den USA importiert werden. Auch das Preisniveau in den eleganten Geschäften der *Dizengoff* (Tel Aviv) oder der *King David-* bzw. der *Ben Yehuda Street* (Jerusalem) gleicht dem europäischer Metropolen. Diamanten und Juwelen, in vielen Fällen Pelze und Lederwaren sind jedoch günstiger als in Europa. Aber Vorsicht bei der Rückreise wegen der EU-Zollvorschriften.

DEAD SEA COSMETICS

Das Tote Meer enthält die weltweit höchste Konzentration an Mineralien. In seinen Schlammschichten finden sich viele natürliche Elemente, die für die Gesundheit und die Geschmeidigkeit der Haut wesentlich sind. Kleopatra, die schon vor mehr als zweitausend Jahren das Tote Meer als schönheitsförderndes Heilbad aufsuchte, wird gerne als Kronzeugin für die Wirksamkeit der Dead Sea Cosmetics zitiert. Vom *Kibbuz Mizpe Shalem* an den Ufern des Toten Meers nahe En Gedi haben sie seit 1999 als *A'Hava* die Welt erobert. Die Auswahl an A'Hava-Lotions und -Cremes ist in israelischen Parfümerien besonders groß und ihr Preis günstig *(www. deadsea-cosmetics.com)*.

DEVOTIONALIEN

In der Altstadt Jerusalems und rund um den See Genezareth gibt es das größte Angebot an christlichen Geschenkartikeln und bibelbezogenen Souvenirs. Ihr Vorteil: Made in Holy Land.

JUWELEN

In Israel werden die meisten Diamanten und jeder dritte Edelstein der gesamten Weltproduktion zu Schmuck verarbeitet und der größte Teil davon exportiert. Die großen Juweliere der Welt – allen voran Stern und Oppenheimer – unterhalten in Israel Niederlassungen, deren Filialen in den Foyers der Luxushotels einen ersten Eindruck davon vermitteln, welche Werte VIPs zur Schau stellen.

MÄRKTE & BAZARE

Fast in jeder Stadt gibt es große offene Märkte. Zu den bekanntesten zählen in Tel Aviv der *Carmel Market* (Gemüse, Obst, Kleidung) oder der Künstlermarkt

Shoppingspaß vom Feinsten: Neben Edelsteinen, Lederwaren und Kosmetik aus dem Toten Meer, locken Bazare und Märkte

in der *Nahalat Binyamin*. Beliebt sind bei Touristen die in der Altstadt eines Orts liegenden Bazare, also jene traditionellen Ladenstraßen und Einkaufsviertel, in denen die gleichen Waren in mehreren Geschäften oder Ständen nebeneinander und in gleicher Qualität angeboten werden. Im Bazar ist in jedem Fall Handeln angebracht. Der größte dieser Bazare befindet sich in der Altstadt Jerusalems.

PELZE & LEDER

Fachkenntnisse vorausgesetzt, kann man in Israel auch relativ preisgünstig Pelze und Lederwaren einkaufen. Die Verarbeitungskünste jüdischer Kürschner haben eine lange Tradition.

SHOPPINGZENTREN

Modetrends im Heiligen Land bestimmt das unfromme Tel Aviv. Hier gehen die Uhren anders als im frommen Jerusalem. Israels Pendant zum New Yorker Greenwich Village ist in Tel Aviv die *Sheinkin Street*. In kleinen Geschäften und Läden bieten junge Künstler und Kunsthandwerker ihre „arts & crafts" unterschiedlichster Stil- und Moderichtungen an. Dazwischen Altes und Futuristisches, Kurioses und Kitschiges sowie viele Cafés, Restaurants und Clubs. Wer diesen Stil des Einkaufens bevorzugt, findet auch im *Tel Aviv Port*, dem ehemaligen, vollkommen umgestalteten Hafen im Norden der Stadt, das Passende.

TYPISCHE SOUVENIRS

Was kann ich den Daheimgebliebenen mitbringen? Hier einige Tipps aus der Kategorie „preiswert": frisch gepflückte Jaffa-Orangen; Carmel-Wein (aus dem „Weinberg Gottes"); **INSIDER TIPP** Salzstücke aus dem Toten Meer; ein Ölzweig (den man nicht unbedingt im Garten Gethsemane abgebrochen haben muss); orientalische Gewürze, die frisch in den Bazaren angeboten werden.

DIE PERFEKTE ROUTE

IN UND UM JERUSALEM

In ❶ *Jerusalem* → S. 64 zeigt sich Israel in seinen mehrdimensionalen Gegensätzen. Deshalb sollte der Besuch dieses überaus spannenden Orts, in dem die bedeutendsten religiösen Verehrungsstätten der drei monotheistischen Weltreligionen nur einen Steinwurf entfernt voneinander liegen, am Anfang einer Rundreise stehen. Wer in einem Café in der Altstadt einen Tee zu sich nimmt, kommt sehr schnell in Kontakt zu den Einheimischen. Abstecher in die benachbarten palästinensischen Orte ❷ *Bethlehem* → S. 83 und ❸ *Ramallah* → S. 84 veranschaulichen die alltäglichen Beschwernisse des nicht enden wollenden Nahostkonflikts.

INS JORDANTAL

Von Jerusalem aus geht es 1200 m hinab ins Jordantal zum Toten Meer, an dessen Ufer Richtung Süden ❹ *Qumran* → S. 94, der Ort der ältesten Bibeltexte, wartet (Foto li.). Vorbei an der Oase ❺ *En Gedi* → S. 92, die sich heute als Kibbuz, Naturpark und Heilbad vieler Besucher erfreut, erobern Sie ❻ *Massada* → S. 93. Durch die Ruinen der 400 m hoch oben auf einer Klippe gelegenen Festung zu wandern und sich die Geschichte ihrer römischen Belagerung vorzustellen, gehört zu den nachhaltigsten Erlebnissen einer Israelreise.

ZUM SEE GENEZARETH

In Massada kehrt man um und folgt ab dem nördlichen Ende des Toten Meers dem Jordan in Richtung Norden nach ❼ *Jericho* → S. 84, eine der ältesten Städte der Menschheit. Weiter geht es über ❽ *Bet Shean* → S. 61 nach ❾ *Tiberias* → S. 58. Der ❿ *See Genezareth* → S. 62, der 200 m unter dem Meeresspiegel liegt, ist einer der Höhepunkte jeder Israelreise (Foto re.). Wer eine Rundfahrt an den Ufern dieses biblischen Sees unternimmt, passiert die bedeutendsten Orte, in denen Jesus einst wirkte. In ⓫ *Kefar Haruv* → S. 62 ist zu spüren, welche geostrategische Bedeutung die Golan besitzt. Wer gern surft, ist hier genau richtig.

IN GALILÄA

Vom See Genezareth geht es in den Nordwesten Israels, quer durch die Täler und Berge des biblischen Galiläa mit der Stadt ⓬ *Nazareth* → S. 55. Seit Jesu Zeiten wird hier an ausgesuchten

Hängen bekömmlicher Wein angebaut, den man in den Restaurants der Stadt genießen kann. Die Route führt hinüber an die Mittelmeerküste nach  **13** *Akko* → S. 33, wo die Zeit der Kreuzritter noch heute deutlich zu spüren ist.

AM MITTELMEER

Von den Kreidefelsen **14** *Rosh HaNiqra* → S. 37 an der libanesischen Grenze nördlich von Akko bis zum Gaza-Streifen im Süden erstreckt sich die knapp 200 km lange israelische Mittelmeerküste mit ihren großen und kleinen Badeorten, darunter 20 km südlich von Akko die größte Hafenstadt Israels, **15** *Haifa* → S. 37. Die Stadt besitzt eine sehr schöne, historische „German Colony", deren Straßencafés zum Verweilen einladen. Entlang der israelischen Mittelmeerküste hinterließen bereits die Römer ihre Spuren, wie Archäologiefans in **16** *Caesarea Maritima* → S. 52 sehen können. In der Mitte der israelischen Küste liegt das moderne **17** *Tel Aviv* → S. 43, das mit tollem Strand und abwechslungsreichem Kulturangebot jedem etwas bietet – Tag und Nacht.

DURCH DIE WÜSTE

Zum Abschluss der Reise empfiehlt sich ein Badeurlaub am Roten Meer. Schnellreisende nehmen in Tel Aviv den Flieger, Erlebnishungrige wählen wohl eher das Auto. Entlang der Küste geht's dabei in vier Stunden über Ashdod und Ashqelon auf spannende Tour durch die größte Wüste Israels, den Negev, durch **18** *Beersheva* → S. 86 hindurch bis ins Jordantal, an dessen südlichem Ende das Badeparadies **19** *Eilat* → S. 90 liegt.

890 km. Reine Fahrzeit 15 Stunden. Empfohlene Reisedauer: 10–17 Tage Detaillierter Routenverlauf auf dem hinteren Umschlag, im Reiseatlas sowie in der Faltkarte

DIE MITTELMEER-KÜSTE

Zwischen Libanon und dem palästinensisch verwalteten Gaza-Streifen sind es genau 187 km Küste, die Israel zum größten östlichen Mittelmeeranrainer machen. Heute bieten große und kleine Badeorte von Nahariya im Norden bis Ashqelon im Süden Erholungssuchenden und Sonnenhungrigen alles, was sie sich wünschen.

Es gibt schöne, saubere Sandstrände mit touristischer Infrastruktur, Ausflugsziele im Hinterland, die von der geschichtlichen Bedeutung dieses Küstenstreifens zeugen, Hotels und Unterkünfte in allen Preislagen.

Fast genau in der Mitte der Küste liegt Tel Aviv, größte Stadt und wirtschaftliches Zentrum Israels; ganz in der Nähe in Lod der größte israelische Flughafen, der den Namen des Staatsgründers David Ben-Gurion trägt. Hier betreten heute die meisten Besucher zum ersten Mal das Heilige Land. Das war nicht immer so. Gerade die Städte an der Mittelmeerküste, ob Akko oder Ashqelon, ob Caesarea oder Haifa, gründen ihre Bedeutung, wenn auch jeweils zu ganz unterschiedlichen Zeiten, auf ihre Häfen, über die Eroberer und Pilger, einwandernde Völkerscharen und plündernde Kreuzritter nach Palästina eindrangen.

Zwischen Tel Aviv und Haifa, genauer: zwischen dem Carmel-Gebirge im Norden und dem Yarkon-Fluss im Süden, dehnt sich die Sharon-Ebene aus, die wegen ihrer Fruchtbarkeit auch die Kornkammer Israels genannt wird. Hier ist Israel am dichtesten besiedelt. Eine mit

Einst war die Mittelmeerküste das Einfallstor für Händler und Eroberer – heute liegen hier Israels schönste Strände

europäischen Großstädten vergleichbare Infrastruktur existiert nur im Großraum Tel Aviv. Hier hat sich auch die Edelsteine verarbeitende Industrie niedergelassen, hier blüht der Handel, hier wird das meiste Geld verdient. Nirgendwo in Israel sind das Straßennetz und die Verkehrsanbindungen so dicht wie in der Küstenebene. Bereits in der Antike führte durch diese israelische Küstenebene jahrtausendelang die bedeutendste Handels- und Verkehrsverbindung im östlichen Mittelmeerraum, de Via Maris.

AKKO

(126 B2–3) (*N D3*) **Am nördlichen Ende der Bucht von Haifa gelegen, gehört Akko (60 000 Ew.) zu den antiken Hafenstädten des Mittelmeers, die für Römer, christliche Kreuzfahrer und Muslime gleichermaßen bedeutend waren.** Ihre Architektur aus den unterschiedlichen Epochen erlaubt es Besuchern heute, diese historische Bedeutung nachzuerleben. 2001 nahm die Unesco

Einst Unterkunft für Reisende und ihre Kamele: die Karawanserei Khan el Umdan

die Altstadt von Akko in die Liste des Weltkulturerbes auf.

Aus der Bibel wissen wir, dass Paulus hier – damals trug die Stadt noch den griechischen Namen Ptolemäus – auf seinen Reisen Station machte. Den Römern diente es als Garnisonsstadt, und sie bauten von hier die erste befestigte Straße nach Antiochia. 1104 eroberten es die Kreuzritter unter Balduin I. Sie bauten es zu ihrer Hafenstadt im Heiligen Land aus, erlebten in Akko aber auch 1291 das Ende ihres Palästina-Abenteuers. Im 18. Jh. gelangte Akko unter den Türken zum letzten Mal in die historischen Schlagzeilen: Achmed el Jezzar, der in Akko eine große Bautätigkeit entfaltete, verhinderte dessen Einnahme durch Napoleon.

Akko ist eine der wenigen Städte Israels, die überwiegend von Palästinensern bewohnt werden und bis heute ihren arabischen Charakter bewahrt haben. In der ummauerten Altstadt stehen die großen Sehenswürdigkeiten aus der Zeit

der Kreuzfahrer und der Türken; das antike Akko *(Tel El-Fukhar)* liegt 3 km südlich.

SEHENSWERTES

EL-JEZZAR-MOSCHEE

Die El-Jezzar-Moschee ist das arabische Wahrzeichen der Stadt. Achmed el Jezzar („der Schlächter") ließ sie 1780–90 auf den Ruinen der Kirche des Heiligen Kreuzes errichten. Weltweiter Berühmtheit erfreut sich diese Moschee jedoch nicht wegen ihrer strengen islamischen Architektur, sondern durch den legendären „Bart des Propheten", der noch heute bei so manchem Schwur zitiert wird. Eines dieser Barthaare wird hier nämlich aufbewahrt und am 27. Tag jedes Ramadans den Gläubigen gezeigt. Entlang des Innenhofs der Moschee erstreckt sich ein Kreuzgang mit Wohnzellen, in denen früher Koranschüler lebten. Im Schatten der Bäume liegt ein kleiner Kuppelbau mit den Sarkophagen El Jazzars und seines ihm als Herrscher nachfolgenden Adoptivsohns Suleiman. *Tgl. (außer zu Gebetszeiten) 6–17.30 Uhr | Eintritt 10 NIS*

KHAN EL UMDAN

In der Hafenstadt Akko gab es großen Bedarf an Unterkünften. Eine dieser großen Herbergen – „die Säulenkarawanserei" – wurde 1785 von Achmed el Jezzar erbaut. Rund um den großen, arkadenumsäumten Innenhof lagen die Stallungen, in den Galerien der oberen Stockwerke die Herbergsräume. Den hohen Uhrturm ließ Sultan Abed el Hamir II. 1906 anbauen. *Altstadt, am Fischereihafen | Eintritt frei*

KREUZFAHRERSTADT ★ ●

Die bedeutendste Sehenswürdigkeit Akkos liegt unter der Erde: die sehr gut erhaltene Festungsstadt der Kreuzfahrer. Die Johanniter haben die Hafenstadt zur militärischen Metropole des Kreuzfahrerreichs ausgebaut und knapp zweihundert Jahre lang (1104–1291) über Akko ihre Versorgung aus Europa für das von ihnen gegründete Königreich Jerusalem gesichert. Unter der mächtigen, weithin sichtbaren Zitadelle, die Achmed el Jezzar im 18. Jh. errichtete, liegt die Krypta. Sie diente als Speise- und Zeremoniensaal. Von hier aus führt eine Anzahl großer Gänge zu verschiedenen Festungsräumen und ein 65 m langer Tunnel zum Pilgerhospital des Templerordens. 1994 wurde durch Zufall bei der Reparatur einer verstopften Wasserleitung ein zweiter, mehr als 350 m langer Tunnel der Templer entdeckt *(The Templars Tunnel)*. Dieser Stollen wurde in den Fels gehauen, seine Wände später mit behauenen Steinen überwölbt. Er führt direkt zum Hafen. Während der britischen Mandatszeit diente die Festung als Gefängnis, in dem Mitglieder der jüdischen Untergrundbewegung gefangen gehalten und hingerichtet wurden. Diese Epoche dokumentiert das *Museum of Heroism. Sa–Do 8.30–18 (im Winter bis 17), Fr 8.30–17 Uhr | gegenüber der El-Jezzar-Moschee | Eintritt 45 NIS*

WEHR- UND BEFESTIGUNGSANLAGEN

Die Kreuzfahrer befestigten Akko von der Land- und Seeseite mit einer mächtigen Mauer und mehreren Wachtürmen, die die Türken im 18. Jh. zum eigenen Schutz wieder instand setzten. Drei dieser Türme sind besonders hervorzuheben:
Der nordöstliche Eckturm, der *Burj el Kommandor*, mit den „Kanonen Napoleons" (die aber erst lange nach Napoleons Tod in Belgien gegossen wurden) schützte die Stadt auf der Landseite; von hier führt ein Weg entlang der Mauer

★ **Kreuzfahrerstadt**
Die unterirdische Stadt des Johanniterordens in Akko → S. 35

★ **German Colony (Deutsche Kolonie)**
Kommune des 19. Jhs. am Fuß des Carmel → S. 39

★ **Rondo Grill**
Abendessen im Restaurant des Luxushotels Dan Carmel in Haifa → S. 41

★ **Caesarea Maritima**
Die eindrucksvollste Ruine der römischen Stadt ist der Aquädukt → S. 52

★ **Bahai Gardens**
Die schönste Gartenanlage Israels: eine Pracht blühender Geometrie an den Hängen des Carmel → S. 38

MARCO POLO HIGHLIGHTS

zum alten Hafen und zum Argaman-Strand.

Der ⚓ Burj Kureijim, der nordwestliche Turm, verstärkte die Stadtmauer an der dem offenen Meer zugewandten Seite der Stadt; von hier verläuft die Mauer gen Süden zum *Burj el Kishla* und weiter zum Burj el Sanjak.

Der südwestliche *Burj el Sanjak* ist der am weitesten ins Meer vorgetriebene und mächtigste Teil der Befestigungsanlage. Er gehörte dem Templerorden, diente als Leuchtturm und schützte den Hafen.

ESSEN & TRINKEN

Wegen der Atmosphäre sollten Sie eines der Restaurants direkt am Yachthafen aufsuchen, die vor der Stadtmauer liegen: *Abu Christo | Tel. 04 9 91 00 65; Ptolomeus | Tel. 04 9 91 61 12;* oder im Hof des Leuchtturms im Schatten des Burj Sanjak das sehr gute Fischrestaurant *Abu Christo | Tel. 04 9 55 22 12; alle tgl. 11–22 Uhr | €€*

ÜBERNACHTEN

AKKOTEL

Kleines Boutique-Hotel an der Stadtmauer, ca. 50 m vom Yachthafen entfernt, mit schöner Dachterrasse. *16 Zi. | Salahudin St. 1 | Tel. 04 9 87 71 00 | www.akkotel.com | €€*

ARGAMAN MOTEL

Direkt am Strand liegt diese ältere Hotelanlage an der Straße nach Haifa. Schwimmbad. *75 Zi. | Seashore | Tel. 04 9 91 66 91 | €€*

AUSKUNFT

ACRE OLD CITY DEVELOPMENT

Visitors Center | Weizmann St. 1 | Tel. 04 9 91 21 71, 04 9 95 67 00 | www.akko.org.il

ZIELE IN DER UMGEBUNG

INSIDER TIPP ▶ LOHAMEI HAGETAOT
(126 B2) (*D3*)

Für politisch und historisch interessierte Besucher Israels muss Lohamei Hagetaot (Lohamé HaGeta'ot) auf dem Programm stehen, ein Kibbuz, etwa 8 km nördlich von Akko, dessen Gründer dem Tod im Warschauer Getto entkommen konnten. Als ihr Lebenswerk haben sie hier mit großem Aufwand ein historisches Museum über die Verfolgung und Vernichtung der Juden während des Dritten Reiches errichtet. Im *Ghetto Fighters House Museum* wurden ca. 40 000 Fotos, 60 000 Bücher und etwa 240 Filme zusammengetragen, ebenso in den Konzentrationslagern entstandene Zeichnungen. *So–Do 9–16, Fr 9–13 Uhr | www.gfh.org.il | Eintritt 30 NIS*

MONTFORT ⚓ (126 C2) (*E2*)

Einst eine der größten Kreuzfahrerfestungen, ein riesiges Bollwerk im Vorfeld zum Schutz Akkos, erhebt sich die Ruine noch heute weithin sichtbar über das Land. Montfort, 24 km nordöstlich von Akko, wurde 1228 vom Hochmeister des Deutschen Kreuzritterordens, Hermann von Salza, als Festung Starkenburg errichtet. Das Schicksal, erobert zu werden, blieb ihr erspart – sie fiel 1271 kampflos an Sultan Beibar. Montfort wurde nie durch Kampfhandlungen zerstört, im Laufe der Jahrhunderte ist die Festung aber immer mehr verfallen und teilweise eingestürzt.

NAHARIYA (126 B2) (*D3*)

Nahariya (Nahariyya, 51 000 Ew., 10 km nördlich von Akko) wurde 1934 von jüdischen Einwanderern, die aus Deutschland fliehen konnten, gegründet und hat sich sehr schnell zu einem beliebten Ferienort entwickelt. Breite Boulevards,

Der Strand von Nahariya: So leer ist es hier selten

nette Geschäfte, ein sehr schöner Strand, große und komfortable Hotels – Nahariya ist wohl der „europäischste" Badeort Israels.

Durch die Stadt fließt der Ga'aton; auf diesen Fluss („Naher" bedeutet im Hebräischen Fluss) geht der Name der Stadt zurück. Aber schon die Kanaaniter errichteten hier 1500 v. Chr. in der Nähe des Strands einen *Tempel (Hamaaniter St.).* Ein byzantinisches Bodenmosaik im Stadtteil Katzenelson, das mit finanzieller Hilfe der Partnerstadt Bielefeld freigelegt wurde, deutet darauf hin, dass der Ort auch später in den frühen nachchristlichen Jahrhunderten bewohnt gewesen sein muss.

In der Nachbarschaft von Nahariya liegt der *Moshav Nes Ammim.* Er wurde 1960 von holländischen und deutschen Christen gegründet, um nach dem Holocaust einen Ort der Begegnung („Zeichen für die Völker", Jesaja 11,10) zwischen Christen und Juden zu schaffen. Es gibt hier ein sehr schönes Gästehaus, das mit einem großem Schwimmbad lockt *(48 Zi., 13 Apt. | Tel. 04 9 95 00 00 | www. nesammim.com | €€).*

ROSH HANIQRA (126 B2) (*∅ D2*)

18 km nördlich von Akko an der libanesischen Grenze liegt Rosh HaNiqra in der Antike wegen seiner strategischen Bedeutung als Einfallstor für ausländische Heere auch als „Leiter von Tyros" bekannt. Von den weithin sichtbaren, 80 m hohen ☀ Kreideklippen öffnet sich ein herrlicher Blick über das Mittelmeer und ins Landesinnere. Zu den eindrucksvollen Grotten mit ihren bizarren Auswaschungen unterhalb der Kreidefelsen fährt eine Seilbahn. *Nov.–April tgl. 9–16, Mai–Okt. Sa–Do 9–18, Fr 9–16 Uhr | www.rosh-hanikra.com | Eintritt inkl. Fahrt 63 NIS*

HAIFA

(126 B3) (*∅ D3*) **Israels größte Hafenstadt liegt an einer schönen halbrunden Bucht, direkt dort, wo der Berg Carmel das Meer berührt.**

Im Hafen Haifas (Hefa) wird heute nahezu der gesamte Export Israels abgewickelt, und hier legen auch alle Kreuzfahrtschiffe, die Passagiere nach Israel

CITY WOHIN ZUERST?

Ha Carmel: Vom Stadtteil Ha Carmel hoch über Haifa bietet sich der beste Überblick über die Stadt. Zu den *Bahai-Gärten* und der angrenzende *German Colony* führt ein sehr schöner Spazierweg *(15 Min)*. Das Busnetz der Stadt ist hervorragend *(5 NIS)*, öffentliche Busse verkehren auch am Shabbat. Mit ihnen erreicht man schnell alle Museen, die im unteren Teil der Stadt liegen *(Linien 37a, 24, 36)*.

bringen, an. Bedingt durch die Hanglage zieht sich die Stadt (300 000 Ew.) auf drei Ebenen den biblischen Berg hinauf: Altstadt und Hafeneinrichtungen liegen auf Meereshöhe, das heutige Einkaufs- und Verwaltungszentrum *(Hadar Hacarmel)* in ca. 100 m Höhe, und hoch oben, im ✹ Stadtteil *Har Hacarmel,* ca. 300 m über dem Meer, stehen viele Villen und die teuren Hotels. Von hier oben, wo die einzige U-Bahn Israels *(Carmelit)* endet, hat man einen herrlichen Blick über die Stadt und die gesamte Bucht. Andererseits erschwert die Hanglage ein schnelles Durchqueren der Stadt. Deshalb gibt es seit 2010 einen gebührenpflichtigen Tunnel *(11,40 NIS für zwei Durchfahrten),* durch den man alle innerstädtischen Verkehrsstaus auf einer Fahrt von Süd (z. B. aus Tel Aviv) nach Nord (z. B. nach Akko) vermeidet. „Strahlend schön bei Tage und funkelnd in der Nacht, das Kleinod am Mittelmeer", so wirbt die Stadt für sich.

SEHENSWERTES

BAHAI-SCHREIN
Das 1953 vollendete, mit seiner goldenen Kuppel zum Wahrzeichen der Stadt gewordene Mausoleum des Bab, des in Persien 1850 hingerichteten Vorläufers von Baha'ullah, des Religionstifters der Bahais, liegt in einer wunderschönen Parkanlage, den ⭐ *Bahai Gardens.* Sie wurden 2008 von der Unesco zum Weltkulturerbe erklärt. *Tgl. 9–12 Uhr (Schuhe ausziehen!), Bahai Gardens tgl. 9–17 Uhr | Hatzionut Ave. | beide Eintritt frei* Eine kostenlose und sehr schöne ● Panoramatour führt vom Carmel hinab bis zum Schrein. *Tgl. 9–12 Uhr | Beginn der Führung westlich der Aussichtsplattform in der Yeve Nov St. 45 | www.ganbahai. org.il/en*

INSIDER TIPP **CASTRA** ●

An den Westhängen des Carmel, im heutigen Stadtgebiet von Haifa, lag einst die römische Siedlung *Castra.* Castra ist heute der Name einer großen Mall der Künste, zu der über zwei Stockwerke verteilt Dutzende von Kunsthandwerksläden, Ausstellungsräume für Vernissage sowie ein Museum für römische Ausgrabungsfunde gehören. Das Gebäude selbst ist ebenfalls ein Kunstwerk, an dessen Fassaden der Künstler Arik Brauer zwanzig Szenen des Alten Testaments auf farbenprächtiger Majolica präsentiert. *So–Do 10–22, Fr 10–15, Sa nach Shabbatende bis 22 Uhr | Moshe Flieman Rd. 4 | www. castra.co.il*

CLANDESTINE IMMIGRATION AND NAVAL MUSEUM
Das Museum ist der Geschichte der illegalen Einwanderung und der Marine gewidmet. Es ist ein Haus voller spannender Geschichten, aber auch voller Leid. Eines der Exponate ist die „Af-Al-Pi", jenes Schiff, das während der Mandatszeit die britische Blockade durchbrach, um jüdische Einwanderer ins Land zu bringen. *So–Do 8.30–16 Uhr | Derekh Allenby 204 | Eintritt 10 NIS*

DAGON SILO (BEIT HADAGON)

In einem 70 m hohen Getreidesilo wird die Kulturgeschichte des Brotes nachgezeichnet. Von den frühesten Getreidesorten, ihrer Lagerung sowie Verarbeitung

GERMAN COLONY (DEUTSCHE KOLONIE) ★

Deutsche christliche Templer aus Baden-Württemberg (nicht zu verwechseln mit dem Ritterorden der Templer) wander-

Bahai-Schrein: Das Wahrzeichen Haifas ist seit 2008 Unesco-Weltkulturerbe

bis zum Speicherbau ist alles zu sehen, was die Menschen einst ins Werk setzten für das tägliche Brot. *Führungen nach vorheriger Anmeldung unter Tel. 04 8 66 42 21 | Kirkar Plumer, am Hafen | Eintritt frei*

ELIJAH'S CAVE (HÖHLE DES ELIAS)

Unterhalb des Bergs Carmel, im Süden der Stadt, hat Elias, der alttestamentarische Prophet, vor seiner Begegnung mit den falschen Propheten des Ba'al (1. Könige 18, 20–40) in einem relativ großen Bergstollen (40 m lang, 8 m breit, 5 m hoch) gelebt. Nach einer von vielen Legenden diente die Höhle auch Josef und Maria zeitweilig als Wohnung. *So–Do 8–17 (Juli/Aug. bis 18), Fr 8–12 Uhr | Derekh Allenby 230 | Eintritt frei*

ten 1869 unter der Führung ihrer Pfarrer Christoph Hoffmann und Georg Hardegg aus und gründeten am Fuß des Bergs Carmel (heute unterhalb der Bahai Gardens) eine fromme Landkommune. Ihre Nachkommen bejubelten 1930 als Deutsche die Nazis und wurden deshalb von den Briten ausgewiesen.

Die 30 m breite Hauptstraße ihrer Siedlung mit den typischen deutschen Steinhäusern (zum Teil noch mit deutschen biblischen Inschriften) ist heute der *Ben Gurion Boulevard* mit Cafés, Restaurants und Kunstgewerbeläden, der vom Hafen hinauf zu den Bahai-Gärten führt.

HAIFA MUSEUM OF ART

Das Kunstmuseum zeigt Gemälde und Skulpturen zeitgenössischer israelischer und ausländischer Künstler; außerdem sind archäologische und ethnologische Exponate aus dem Mittelmeerraum sowie alte Musikinstrumente ausgestellt. *Sa–Mi 10–16, Do 16–19, Fr 10–13 Uhr | Shabtai Levi St. 26 | Eintritt 35 NIS*

MADATECH –
NATIONAL MUSEUM OF SCIENCE

Das technische Museum lockt mit mehr als 600 Exponaten zum Experimentieren im historischen Technion-Gebäude. *So 12–18, Mo–Mi 10–18, Do 10–20, Fr und Sa 10–18 Uhr | Shmaryahn Levin Hadar Hacarmel St. 25 | www.madatech.org.il | Eintritt 60 NIS*

NATIONAL MARITIME MUSEUM

Ein Museum, das sich mit der langen, fünftausendjährigen Geschichte der Seefahrt, vor allem im Mittelmeerraum, beschäftigt. Ausgestellt sind Schiffsmodelle, nautische Geräte, Seekarten sowie archäologische Funde. Das Museum wurde 1955 von einem jüdischen Kapitän gegründet. *Mo–Mi 10–16, Do 16–21, Fr 10–13, Sa 10–15 Uhr | Derekh Allenby 198 | Eintritt frei*

LOW BUDGET

▶ Jeden Freitag am Spätnachmittag versammeln sich am Strand von Tel Aviv hinter dem ehemaligen Dolphinarium zwei Dutzend Freizeittrommler, die 2 Stunden lang umsonst eine ● Sonnenuntergangs-Session abhalten. Ein Kiosk versorgt das Publikum mit preisgünstigen Getränken.

▶ Fahrräder sind eine Alternative, sich in Tel Aviv schnell zu bewegen. Fahrradverleih: *Cycle Bike Rental | Ben Jehuda St. 147 | Rad: 60 NIS/Tag*

INSIDER TIPP RUBEN- UND EDITH-HECHT-MUSEUM

Archäologische Ausstellung von höchster Qualität inkl. eines im benachbarten Kibbuz Nasholim von Unterwasserarchäologen im Meer „ausgegrabenen" antiken hölzernen Frachtkahns. Zu sehen sind auch viele Gemälde, z. B. von den berühmten Malern Claude Monet und Vincent van Gogh. *So, Mo, Do 10–16, Di 10–19, Fr 10–13, Sa 10–14 Uhr | Universität Haifa | Eintritt frei*

STELLA-MARIS-KARMELITERKLOSTER

In der Kreuzfahrerzeit von Prior St. Brocard 1206 als Einsiedlerkolonie gegründet, konnte das Kloster im Rhythmus von Verfall und Wiederaufbau durch das Mittelalter gerettet werden. Napoleon benutzte es während der Belagerung von Akko 1799 als Lazarett. Sehenswert sind die Klosterbasilika und eine Sammlung erlesener Antiquitäten. *Tgl. 8.30–12.30 u. 15–18 Uhr | Derekh Stella Maris | Eintritt frei*

INSIDER TIPP WADI NISNAS ●

Mehrere orientalische Gassen, in der jüdische und arabische Israelis seit Jahrzehnten friedlich nebeneinander wohnen, zeichnen Wadi Nisnas aus; viele kleine Restaurants laden ein, es herrscht buntes Treiben auf den Straßen. Im Wadi Nisnas feiert man gemeinsam im Dezember Hannukah, Weihnachten und auch Ramadan. *Khouri St. und Yochana Hakadosh St.*

ESSEN & TRINKEN

CAFÉCAFÉ ☺

Gesunder Genuss in der German Colony. Das Café verwendet viele Bioprodukte. Auch die freundliche Bedienung lädt zum Verweilen ein. *Tgl. 7–22 Uhr | Ben Gurion Blvd. 2 | Tel. 04 7 03 33 07 | €*

CAFÉ PEER

Freundliches Café und Restaurant, das der aus Deutschland ausgewanderten Familie Gerber gehört. *Sa geschl. | Hanassi Ave. 130 | Tel. 04 8 43 82 33 | €*

RONDO GRILL ⭐ 〰️

Restaurant im Luxushotel Dan Carmel, beste internationale Küche mit Produkten der Region und einmalig schöner Blick vom Carmel hinunter auf die beleuchtete Stadt und den Hafen – ein Ensemble, das zum Genießen einlädt. *Fr geschl. | Hanassi Ave. 85–87 | Tel. 04 8 30 30 60 | €€€*

EINKAUFEN

Die für Touristen interessanten Geschäfte liegen in der *Hanevim Street,* konzentriert am Platz *Solej Boneh.*

STADTRUNDGÄNGE

„WEGE DER 1000 SCHRITTE" 〰️

Die besondere Topografie Haifas machte es unumgänglich, dass Wege über weite Strecken nur mit Treppen angelegt werden konnten. Diese Treppenwege erzählen viele interessante Details über die Stadtgeschichte. Das *Haifa Tourist Board* trug dem Rechnung und wählte vier farblich gekennzeichnete Routen mit entsprechender Beschilderung aus. Alle vier haben ihren Anfangspunkt an der Bergstation der Carmelit-Bahn bzw. der Buslinie 22 in der *Yefe Nof Street.* Und für alle Wege muss man gute Kondition mitbringen, denn alle führen über jeweils mehr als 1000 Stufen! Die „Historische Route" (blau) beginnt im 18. Jh. der Stadtgeschichte und endet am *Paris Square,* die „Nostalgische Route" (gelb) bringt Gäste in Haifas *German Colony,* die „Folklore Route" findet im *Wadi Nisnas* ihren Endpunkt, und die „Klassische Route" endet in der Altstadt vor dem *Haus von Mustafa El Halil Pasha.*

Wenn es Abend wird: Blick vom Berg Carmel auf das erleuchtete Haifa

AM ABEND

CINEMATHEQUE

Ein groß angelegtes Unterhaltungs- und Vergnügungszentrum mit einem fast immer voll besetzten Café, einem Kino und einem Künstlertreff. *Hanassi Ave. 142*

ÜBERNACHTEN

BETH SHALOM

Kleines Hotel, auf der Höhe des Bergs Carmel gelegen. Mit Cafeteria. *30 Zi. | Hanassi Ave. 110 | Tel. 04 8 37 74 81 | www.beth-shalom.co.il | €€*

INSIDER TIPP COLONY HOTEL HAIFA

Liebevoll restauriertes historisches Haus in der German Colony unterhalb der Bahai-Gärten. Gute Betreuung, da familiengeführtes Haus. *40 Zi. | Ben Gurion Blvd. 28 | Tel. 04 8 51 33 44 | www.colony-hotel.co.il | €€*

DAN CARMEL ☼

Hoch oben auf dem Berg Carmel steht das erste Hotel der größten israelischen Hotelkette DAN. Aus allen Zimmern genießen Sie den Blick auf die Bucht. Restaurants, Swimmingpool, Fitness und Sauna stehen den Gästen zur Verfü-

Hochhaus-Hotel, das mit eigenem Kinderclub (Danny-Land) Familien einen entspannten Urlaub ermöglicht. *266 Zi. | Hanassi Ave. 107 | Tel. 04 8 35 22 22 | www.danhotels.com | €€€*

JUGENDHERBERGE CARMEL

Im Süden der Stadt gelegen. *16 Zi. à 5 Betten | Tzivia Veltzhak St., nördlich des Haifa-Tunnels | Tel. 04 8 53 19 44 | haifa@iyha.org.il | €*

Aus 21 Siedlungsschichten besteht der bis zu 5000 Jahre alte Festungshügel von Megiddo

gung. *219 Zi. | Hanassi Ave. 107 | Tel. 04 8 30 30 30 | www.danhotels.com | €€€*

DAN GARDENS HAIFA ☼

Kleines Hotel am Carmel mit traumhaftem Ausblick. Auf den Gast wartet aller nur erdenklicher Komfort und eine schöne Terrasse. *31 Zi. | Yeve Nof St. 124 | Tel. 04 8 30 20 20 | www.danhotels.com | €€€*

DAN PANORAMA HAIFA ☼

Ebenfalls auf dem Berg Carmel gelegen, weil der Ausblick so traumhaft ist.

AUSKUNFT

HAIFA TOURIST BOARD

Ben Gurion Ave. 48 | Tel. 04 8 53 56 06 | So–Do 9–17, Fr 9–13, Sa 10–15 Uhr | www.tour-haifa.co.il

ZIELE IN DER UMGEBUNG

BET SHEARIM (126 C4) (*ωϞ D4*)

Nach dem Bar-Kochba-Aufstand – der letzten Erhebung der Juden gegen die Römer (132–135) – Sitz des höchsten jüdischen Gerichtshofs, ist Bet Shearim

(Bet She'arim) heute eine der bedeutendsten jüdischen Grabstätten (20 km südöstlich von Haifa). Ihre Entdeckung 1936 grenzt an ein Wunder: Einem Schäfer war ein Schaf entlaufen, das sich in eine Felsspalte verirrt hatte, die sich als Eingang zum Totenreich erwies. Die Ausgrabungen legten Katakomben mit Hunderten von Sarkophagen aus dem 3. und 4. Jh. frei. *April–Sept. tgl. 8–17, Okt. bis März 8–16 Uhr*

CARMEL (126 B3–4) (*D3–4*)

Der Berg Carmel (Karmel), ein sich 30 km hinstreckendes Mittelgebirge südöstlich von Haifa, wird in der Bibel als „Weinberg Gottes" bezeichnet. Baron Edmond de Rothschild hat mit dem Weinbau wieder begonnen. Heute beliefern seine *Carmel Winery* in Zikron Yaakov und die benachbarte *Tishbi Estate Winery* auch jüdische Gemeinden in aller Welt mit koscherem Wein.

DRUSENDÖRFER (126 B4) (*D4*)

Mit 13 000 Ew. ist Daliyat El Carmel (Daliyat el Karmil) der größte Wohnort der Drusen in Israel, 16 km südöstlich von Haifa. Drusische Traditionen und ihre Geschichte kann man im *Druze Heritage House (tgl. 10–18 Uhr | 8th St.)* kennenlernen. In vielen Geschäften werden drusische Souvenirartikel angeboten. 2003 wurde der Ort mit dem südlich gelegenen Drusendorf Isfiya zur Stadt Carmel zusammengelegt.

INSIDER TIPP ► EN HOD (126 B4) (*D4*)

Idyllische Oase des guten und ruhigen Lebens am Westhang des Carmel. En Hod, 15 km südlich von Haifa, ist heute eine Künstlerkolonie. Vor 1948 war es ein arabisches Dorf und wurde im Unabhängigkeitskrieg fast völlig zerstört. Marcel Janco, ein bekannter Dadaist, konnte die Einebnung verhindern und das Dorf für israelische Künstler retten. Heute wird es von 180 Familien bewohnt, die ihren Alltag kollektiv organisieren. *Yanko Dada Museum und Galerien Sa–Do 9.30–17, Fr 9.30–16 Uhr*

MEGIDDO (126 C4) (*D4*)

Das Unesco-Weltkulturerbe Megiddo (Tel Megiddo) ist ca. 5000 Jahre alt und liegt an der antiken Via Maris, 34 km südöstlich von Haifa. In der Schlacht von Megiddo unterlag Juda 609 v. Chr. den Ägyptern. Die Ausgrabungen, z. B. die Pferdeställe der Könige Salomon und Ahab, verweisen auf biblische Zeiten. Ein Modell der Anlage steht im Infozentrum. *Tgl. 8–17 Uhr (Okt.– März nur bis 16 Uhr) | www.parks.org.il | Eintritt 35 NIS*

TEL AVIV

(126 A–B6, 128 B–C1) (*C–D6*) Irdisches Zentrum im Heiligen Land ist Tel Aviv – die modernste Weltstadt im Nahen Osten. Ihre Skyline bestimmen die Hochhäuser und Luxushotels entlang

---

🏙 WOHIN ZUERST?

Dizengoff-Platz: Das Zentrum Tel Avivs liegt zwischen *Dizengoff Street* und dem Strandboulevard *Haryakon*. Das alte Jaffa liegt fußläufig im Süden, das neue Unterhaltungszentrum *Tel Aviv Port* unweit im Norden, bis zu den Szenetreffs in der *Sheinkin St.* sind es 15 Min zu Fuß. Die Stadt verfügt über ein sehr gutes öffentliches Busnetz *(eigene Busspur | Fahrt 5 NIS)*. Taxifahren ist teuer (Preisniveau wie in Deutschland), ein Leihwagen bringt nur Schwierigkeiten wegen der fehlenden Parkplätze.

des Strands, werbende Leuchtreklame unterstreicht die Bedeutung der Stadt als Wirtschaftszentrum Israels.

Zugleich ist Tel Aviv der kulturelle Mittelpunkt des Landes: Nirgendwo sonst gibt es ein so aufregendes Unterhaltungsangebot, so viele Galerien, Konzerte, Kinos, Clubs und Discos, so viel „unfrommes" Leben im Heiligen Land wie in Tel Aviv mit mehr als 1 Mio. Ew. In dieser Stadt lebt die Szene, hier werden Trends gesetzt. Welche Hits in Israel in sind, bestimmen die DJs der Clubs im *Tel Aviv Port* und in der *Sheinkin Street*. Während am Freitagabend im ganzen Land Ruhe einkehrt, beginnt in Tel Aviv ein Kontrastprogramm: das „Shabbat Night Fever". Dazu gehören öffentliche Strandpartys ebenso wie bis Mitternacht geöffnete Shoppingmalls.

Tel Aviv ist erst hundert Jahre alt. 1909 siedelten Juden aus dem heute als Stadtteil integrierten Yafo (bei uns Jaffa genannt) in den nördlich gelegenen Dünen und gründeten dort, wo heute der *Shalom Tower* steht, die Stadt. Sie gaben ihr den hebräischen Namen entlang des „Altneuland"-Buchs von Theodor Herzl: „Frühlingshügel". 1887 hatten bereits einige jüdische Familien die arabische Hafenstadt Jaffa verlassen und vor ihren Toren die kleine Siedlung Neve Zedek gegründet. Im 1909 gegründeten neuen Tel Aviv entwickelt sich Neve Zedek zu einem Wohngebiet von Künstlern, Architekten und wohlhabenden Intellektuellen. Heute ist Neve Zedek eine der besten Adressen der Stadt.

SEHENSWERTES

BAUHAUS-ARCHITEKTUR

2004 hat die Unesco in der Stadt die Bauhaus-Architektur entdeckt. Seitdem ist in Tel Aviv ein „Bauhaus-Fieber" ausgebrochen. Hauseigentümer und Stadtverwaltung bemühen sich, wenigstens 1000 (der ca. 4000) schönen weißen Häuser in der Architektur der 1930er-Jahre vor dem Verfall zu retten. In der Stadt finden Bauhaus-Ausstellungen statt, Bauhaus-Design dominiert in den Auslagen, und sogar ein altes, leer stehendes Kino wurde zu einem aufregenden Bauhaus-Hotel umgebaut. Allerdings gibt es immer noch viel zu tun. Neben ansehnlich renovierten Häusern stehen auch viele heruntergekommene. Die Bauhaus-Architektur konzentriert sich um den *Rothschild Boulevard* sowie entlang der Straßen *Dizengoff* und *Frishman*. Es gibt ein neues *Bauhaus-Museum (Mi 11–17, Fr 10–14 Uhr | Bialik St. 21 | Eintritt frei)*, und ein privates *Bauhaus-Center (Dizengoff St. 99 | Tel. 03 5 22 02 49 | www.bauhaus-center.com)* bietet Führungen (2 Std. 15 US-$ bzw. 60 NIS) an.

BEN-GURION-HAUS

Das einfache Wohnhaus, in dem der Staatsgründer Israels lebte. Seine Bibliothek und viele historische Dokumente sind hier zu sehen. *So, Di–Do 8–15, Mo 8–17, Fr 8–13 Uhr | Ben Gurion St. 17 | www.ben-gurion-house.org.il | Eintritt frei*

BETH HATEFUTSOT – DIASPORA-MUSEUM

Didaktisch sehr gut aufbereitet wird hier die zweitausendjährige Geschichte jüdischen Lebens in der Diaspora („Zerstreuung") seit 70 n. Chr. – im wahrsten Sinne des Worts ein Museum des jüdischen Volks. *So–Di, Do 10–16, Mi 10–18, Fr 9–13 Uhr | Ramat Aviv | Universitätsgelände (Tor 2, Klausner St.) | www.bh.org.il | Eintritt 35 NIS*

BIBLE MUSEUM

David Ben-Gurion hat in diesem Haus des ersten Bürgermeisters von Tel Aviv, Meir Dizengoff, am 14. Mai 1948 die Unabhängigkeit des Staates Israel ausgerufen. Heute ist hier das *Bibel-Museum* untergebracht. *So–Do 9–14 Uhr | Rothschild Blvd. 16 | Eintritt 15 NIS*

FEUER-UND-WASSER-BRUNNEN

Zeitgenössische Kunst im Zentrum der Stadt. Der Künstler Yaacov Agam fügte fünf unterschiedlich große Edelstahlringe mit bunten Aluminiumlamellen überei-

Agam hat im Sommer 2011 per Gericht die Instandsetzung seines „Kunstwerks" durchgesetzt. 2012 dreht er sich wieder. *Dizengoff Square*

HA APALAM MEMORIAL

2003 stiftete die Familie Cohen ihrem eingewanderten Vater Michael Cohen ein Denkmal, das die Struktur eines Schiffs hat, an dessen Bug mit

Feuer-und-Wasser-Brunnen: ein Symbol der Partnerschaft zwischen Tel Aviv und Frankfurt

nander zu einem Brunnen, dessen Wasserkaskaden synchron zu Musik auf- und absteigen. Eine lodernde Gasflamme lässt während des Rotierens die Illusion einer Verbindung von Feuer und Wasser entstehen. Der Brunnen ist ein Geschenk aus Tel Avivs Partnerstadt Frankfurt/M. Er drehte sich im Sommer täglich 11–13 und 19–21 Uhr, wenn er nicht gerade repariert wurde. Seit 2009 stand er zwei Jahre lang still, weil die Reparaturkosten der Stadt zu hoch waren. Sogar ein Abriss wurde erwogen. Doch Yaacov

eindrucksvollen Fotos die Geschichte der Einwanderung während der britischen Mandatszeit dokumentiert wird. *Oberhalb der Strandpromenade, südlich des Hotels Sheraton*

HANAMAL – TEL AVIV PORT

Tel Aviv übernahm das Erfolgskonzept anderer Mittelmeerstädte wie Genua und Barcelona. Es gestaltete seinen ehemaligen Hafen zum Unterhaltungs- und Einkaufserlebnis um. In Tel Aviv Port, fußläufig von den großen Strandhotels aus zu erreichen, experimentieren junge Unternehmen mit neuen Ideen in den alten Hangars. Hier findet man auch Restaurants mit bunt bemalten Fassaden, großen Terrassen und Meerblick. Dank der kühlen Brise ist besonders an Sommerabenden ein Bummel entlang den holzbeplankten Passagen ein Erlebnis.

HATACHANA – THE STATION

Der historische Bahnhof Tel Avivs liegt unweit des Strands im Süden der Stadt. 1888 gestattete der türkische Sultan dem jüdischen Geschäftsmann Yoseef Navon die Errichtung einer Eisenbahnlinie von Jaffa nach Jerusalem. Sie begann hier an der 1892 eröffneten *Jaffa Train Station.* 1900 gründete der deutsche Templer Hugo Wieland direkt neben den Gleisen eine Backstein- und Fliesenfabrik. Das blühende Geschäft der Eisenbahn und des Baustoffunternehmens fand mit dem Unabhängigkeitskrieg 1948 ein jähes Ende. Ein halbes Jahrhundert später wurden die insgesamt 22 Gebäude der Anlage renoviert, restauriert und als großes Kultur-, Shopping- und Erholungszentrum 2010 wieder für die Öffentlichkeit zugänglich. Galerien, ein halbes Dutzend Restaurants und viele Kunst- und Designerläden beleben jetzt den Bahnhof.

INSIDER TIPP MUSEUM OF THE IZL (ETZEL MUSEUM)

Museum der israelischen Armee; dokumentiert aus zionistischer Sicht den Kampf der jüdischen Untergrundorganisation Irgun Zvai Leumi (IZL) zwischen 1947 und 1948 (der spätere Ministerpräsident Menachim Begin war Offizier der IZL). Nach der UN-Erklärung vom 29.11. 1947 für ein konföderativ verbundenes jüdisches-arabisches Staatswesen auf dem Gebiet des britischen Mandatsgebiets Palästina brachen sofort kriegerische Auseinandersetzungen (sogenann-

DER BEGINN DES SHABBATS

Am Freitagabend beginnt in ganz Israel der Shabbat. Wer zufällig an einem Freitag in einem besseren Hotel wohnt (z. B. in einem Dan auf dem Berg Carmel), sollte sich für ein Abendessen im größten Restaurant des Hauses entscheiden, wenn er miterleben möchte, wie fromme jüdische Israelis diesen Festtag begehen.

Die Restauranttische sind besonders schön gedeckt, noch vor Sonnenuntergang hat das Personal auf jeden Tisch eine Flasche Wein gestellt und zwei Kerzen angezündet, und es gibt immer Buffet. Die frommen jüdischen Gäste besuchen die hoteleigene Synagoge, bevor sie zum Abendessen kommen.

Wenn die Familie Platz genommen hat, beginnt das männliche Familienoberhaupt mit dem *Kiddusch.* Dabei segnet er ein Glas Wein mit einem gesungenen Gebet und begrüßt den Shabbat mit einem Schluck Wein. Dann wird das *Challah*-Brot (ein mit Mohn und Sesam bestreuter Brotzopf) gesegnet und an alle verteilt. Jetzt reicht sich die Familie die Hände und schreitet zum Buffet. Jede der frommen Familien begeht diese Zeremonie in ihrem Kreis. Da nicht alle Hotelgäste zur gleichen Zeit in das Restaurant kommen, erlebt man dieses Ritual mehrmals am Abend. Alle anderen Familien hören jeweils zu, lassen sich aber beim Essen nicht stören.

ter Unabhängigkeitskrieg) aus. Im Raum Tel Aviv galt es, den damals arabischen Hafen Jaffa unter israelische Kontrolle zu bringen. Das Museum, das sich diesem Ausschnitt des ersten Nahost-Kriegs widmet, wurde als dunkler Glaskubus auf den Mauerresten eines damals zerstörten Hauses errichtet. *Charles Clore Garden | direkt am Strand an der Uferpromenade | So–Do 8.30–16 Uhr | Eintritt frei).*

OLD YAFO

Vom Hafen aus erscheint die Kulisse von Yafo *(Jaffa)* wie eine Märchenstadt aus Tausendundeiner Nacht: Übereinander gebaute und gegeneinander versetzte Mauern, Türme, Dachkonstruktionen und Erker bilden einen Stadtteil mit malerischen Gassen, Künstlerquartieren, Restaurants, Läden und Cafés.

Japhet, Noahs jüngster Sohn, gab der Stadt ihren Namen. Zur Zeit der Kreuzfahrer wurde sie zur Festung ausgebaut und Joppa genannt. Nachdem Napoleon sie 1799 vollständig zerstört hatte, bauten die Türken sie wieder auf. Die 1906 niedergerissene Stadtmauer diente u. a. als Baumaterial für den Uhrturm. Old Yafo muss man besuchen! Kleine Bazare, Galerien und Ateliers, Kunsthandwerksläden (bis spätabends geöffnet) und ein Flohmarkt sorgen in den engen und daher im Sommer immer schattigen Gassen für lebendige Atmosphäre. Jeden Mi um 9.30 Uhr kann man an der von der Touristeninformation organisierten kostenlosen ● *Old Jaffa Tour* teilnehmen (2 Std., Treffpunkt: Uhrturm gegenüber der Polizeitstation). *Touristeninformation: Old Jaffa Development Company | Mazal Degim St. 17 | Tel. 03 5 18 40 15 | www.oldjaffa.co.il*

TEL AVIV MUSEUM OF ART

Eindrucksvolle Sammlung internationaler Kunstwerke, dazu wechselnde Präsen-

Old Yafo: Verschnaufpause vor der St.-Peter-Kirche

tationen israelischer Künstler. *Sa, Mo, Mi 10–16, Di, Do 10–22, Fr 10–14 Uhr | King Saul Blvd. 27 | www.tamuseum.com | Eintritt 15 NIS*

ESSEN & TRINKEN

Zwei Stadtviertel in Tel Aviv bieten sich geradezu an, vor einem Restaurantbesuch eine Art Vorentscheidungsbummel zu machen.

In der *Sheinkin Street* gibt es mindestens so viele Restaurants wie Modegeschäfte, ihre Namen sind fast ausnahmslos nur aus dem Hebräischen zu ermitteln. Es sind kleine Bistrocafés mit Außenterrassen, die von überwiegend jungen Leuten geführt werden. Die Spezialitäten ähneln sich, aber immer gibt es auch frische Säfte, Snacks und Burger. Und auch das eine

BENEDIKT

Frühstücken rund um die Uhr und was die Frühstückstafeln dieser Welt hergeben, unbedingt Eggs Benedict versuchen, mehrmals preisgekröntes Restaurant. Junges Publikum, zuvorkommende

Vor Anker gehen – im ehemaligen Hafen Tel Avivs

oder andere „bessere" Restaurant mischt sich zwischen die Bistros.

Im alten ehemaligen Hafen Tel Avivs am nördlichen Ende des Strands vor dem Stadtflughafen Dov wurden die etwa 30 ehemaligen großen Lagerhallen zum Ausgehviertel *TLV Port* umgestaltet. Die Zahl der Restaurants, die meisten mit Terrassen und Blick aufs offene Meer, geht in die Dutzende. Man staunt, was aus einem Hafen werden kann. *Alle tgl. geöffnet mit unterschiedlichen Öffnungszeiten | €–€€€*

ALADIN

Kleines, gemütliches Restaurant mit herrlichem Blick auf die Skyline von Tel Aviv. *Tgl. | Mifratz Shlomo 5 | Tel. 03 6 82 67 66 | €€*

Bedienung. *Fr/Sa geschl. | Ben Yehuda 171, Ecke Jabotinsky St. | Tel. 03 5 44 03 45 | €*

INSIDER TIPP ▶ BOYA

Drinnen: schwere, lange Holztische und Damast; draußen: edles Korbgestühl und Sonnenschirme. Interessante Gäste, junges Personal, hervorragende Speisen. Oft Ausstellungen. *So–Do 9–24, Sa 8–24 Uhr | Tel Aviv Port | Tel. 03 5 44 61 66 | www.boya.co.il | €€*

INSIDER TIPP ▶ CAFÉ BATIA ●

Ältestes jüdisches Restaurant der Stadt (1941 gegründet). Sehr gute osteuropäische Küche. An den Wänden Fotos bekannter Gäste. Natürlich koscher. *Tgl. 11–21 Uhr | Dizengoff St. 197 | Tel. 03 5 22 13 35 | €*

KING SALOMON

Das Restaurant des Hilton-Hotels ist eines der elegantesten und teuersten der Stadt, schweres Dekor, interessante Gäste. *Fr/Sa geschl. | Independence Park | Tel. 03 5 20 21 71 | €€€*

INSIDER TIPP ▶ MESSA

Das In-Restaurant unter den stilvollen Lokalen mit bester internationaler Küche. Im Parterre des Bürohochhauses *Millenium Tower*. Postmoderne Eleganz mit großem Stilgefühl, lange Tische aus hellem Holz, der Rest ist in Schwarz und Weiß gehalten, City-Line-Geschirr und Philippe-Starck-Toiletten. *Tgl. | Ha Araba'a St. 19 | Tel. 03 6 85 68 59 | www. messa.co.il | €€€*

EINKAUFEN

Dizengoff und *Ben Yehuda* heißen die beiden großen Einkaufsstraßen; hier reiht sich Edles an Alltägliches, Billiges an Unerschwingliches. Die Szene kleidet sich in der *Sheinkin Street* ein, und ganz Edles findet man am Platz *Kikar Ha Medina*.
Kerem Hateimanim („Weinberg der Yemeniten") heißt das Viertel zwischen Allenby Street und Hayarkon, in dem sich der größte Markt der Stadt, der *Carmel Market*, ausdehnt; Bazaratmosphäre. *Mo–Sa 8 bis ca. 18 Uhr*
Unweit des Carmel Markets, in der *Nachalat Binyamin Street*, verwandelt sich zweimal die Woche *(Di, Fr 10–17 Uhr)* die ganze Straße zur *Arts and Crafts Fair*, auf der Bücher, Kunst und Schmuck verkauft werden. Auch Künstler treten auf.
Viel Atmosphäre versprüht das historische Bauhaus-Viertel. Schönes Design verkauft das *Bauhaus-Center (So–Do 10–19.30, Fr 10–14.30 Uhr | Dizengoff St. 99)*.
„Mall Shopping", einkaufen in riesigen Warenhäusern, wird in Israel immer beliebter, z.B. im *Dizengoff Center (Dizengoff St., Ecke King George St.)* oder im *Gan Ha'ir* der *City Garden Mall (Ibn Givrol St. 71)*, beide *So–Do 9–24, Fr 9–16 u. 20–24 Uhr.*

GAY TEL AVIV

Tel Aviv gilt aufgrund seiner Offenheit gegenüber Homosexuellen als Schwulen-Hauptstadt des Nahen Ostens. 1998 wurde hier die erste Christopher Day-Street-Parade gefeiert, im gleichen Jahr gewann Israel mit dem transsexuellen Popstar Dana International den Eurovision Song Contest.
Tel Aviv wirbt weltweit als Gay-Party-Hauptstadt. Das Fremdenverkehrsamt gibt den Prospekt „Friends-Gaymap" mit Hotels und Szene-Hinweisen heraus *(www.visitgaytlv.com)*. Viele private Reiseveranstalter bieten ihre Dienste der internationalen Szene für Wochenendaufenthalte an *(z.B. www.gaytelaviv. net)*, und spätestens am Flughafen in Tel Aviv kann der Interessierte die Broschüre der israelischen Botschaft „Rechte der Homosexuellen in Israel" *(www.israel.de)* erwerben. In den von der Szene bevorzugten Hotels bekommt man einen kostenlosen Pocket Dicitionnary (englisch-hebräisch) für Lesbians and Gays mit dem Titel „All you need to know to act and feel like a local". Wer von Deutschland aus seinen Aufenthalt entsprechend buchen möchte, kann sich bei Spartakus, GMF-Berlin, *www.gmf-berlin.de* informieren.

TEL AVIV

Die größte Auswahl an Diamantschmuck findet man im *Israel Diamond Center | Jabotinsky St. 1 | Ramat Gan | www.idc-diamond.com.*

STADTRUNDGÄNGE

Das Fremdenverkehrsamt bietet vier themenbezogene kostenlose Stadtrundgänge („Free Guided Walking Tours") unter fachkundiger Führung in englischer Sprache an.
– *Jeden Sa, 11 Uhr | Treffpunkt: Rothschild St. 46, Ecke Shadal St.* Thema: Bauhaus in Tel Aviv.
– *Jeden Mi, 9.30 Uhr | Treffpunkt: Uhrturm, gegenüber der Polizeistation.* Thema: das alte Jaffa. *(siehe S. 47)*
– *Jeden Mo, 11 Uhr | Treffpunkt: Eingang Universitätscampus, Einstein St. am Syonon-Buchgeschäft.* Thema: die Universität, ihre Geschichte und ihre Bedeutung.
– *Jeden Di, 20 Uhr | Treffpunkt: Rothschild St./Herzl St.* Thema: Tel Aviv by night (Tour durch die Szenelokale und -restaurants).

STRAND

Der ● *Strand von Tel Aviv* ist der beliebteste Treff der Stadt. Er ist mehr als 50 m breit und gepflegt. Draußen im Meer sorgen Wellenbrecher dafür, dass man sorglos baden kann. Heller Sand, der jeden Morgen gesäubert wird, öffentliche kostenlose Süßwasserduschen, eine perfekte Infrastruktur sorgen für ein tolles Badeerlebnis. Morgens und abends treffen sich hier die Jogger, tagsüber wimmelt es von sonnenhungrigen Badegästen. Wer ungestört von den Blicken des anderen Geschlechts ins Wasser springen möchte, kann das nördlich des Unabhängigkeitsparks hinter einem blickdichten Zaun am *Metzitzim Beach* zusammen mit den orthodoxen Bürgern tun.

AM ABEND

Tel Aviv Port ist das neueste Unterhaltungsviertel der Stadt. Auf holzbeplankten Wegen flaniert man am Meer, und kann schicke Restaurants, Musikcafés und Discos aufsuchen.

Die Szene trifft sich abends in der *Sheinkin Street* – weil hier ständig neue Läden, Restaurants und Cafés eröffnen, verliert sie ihre Anziehungskraft nicht. Und im Sommer geht's auch freitagabends an den Strand zur Beachparty.

Das gesamte abendliche Unterhaltungsangebot findet man im monatlich erscheinenden kostenlos in Hotels ausliegenden Stadtmagazin „Go Tel Aviv" *(www.gotelaviv.co.il).*

INSIDER TIPP FREDERIC-MANN-AUDITORIUM ●

Das Stammhaus des weltbekannten *Israel Philharmonic Orchestra,* derzeitiger Leiter ist Zubin Mehta. Auch internationale Gastkonzerte (meist mit klassischer Musik). *Hubermann St. 1, Ecke Dizengoff St. | Tel. 03 6 211777 | www.ipo.co.il*

GALINA

Beliebter Treff junger Israelis (DJ Mainstream Music), al fresco-Dancing auf der Terrasse mit Blick aufs Meer oder dichtgedrängt im Inneren. *Tgl. 19–3 Uhr | Tel Aviv Port | Hangar 19 | Tel. 03 5 44 55 53 | Eintritt frei*

HA OMAN 17

Einer der beliebtesten Clubs mit internationalen DJs. Do, Fr und Sa riesige Partys. *Tgl. ab 21 Uhr | Abarbanel St. 88 | Eintritt So–Mi 50 NIS, Do–Sa 100 NIS*

SEA BREEZE SPA BAR

Restaurant, Pub, Bar, Wellness unter einem Dach. *Tgl. | Tel Aviv Port | Hangar 23 | Tel. 03 5 44 42 14 | €€*

www.marcopolo.de/israel

SHABUL JAZZ CLUB

Der beste Live-Jazz in Israel. *So geschl. | Livemusik ab 22 Uhr | Tel Aviv Port | Hangar 13*

ÜBERNACHTEN

Tel Aviv besitzt das größte Hotelangebot im Land; wer am Strand wohnen möchte, muss ein Haus in der Hayarkon St. wählen. Überblick über Hotels in Tel Aviv: *Tel Aviv Hotel Association | Tel. 03 5 17 01 31 | www.telaviv.hotels.org.il.* Appartments (ab 3 Tage) in allen Stadtteilen Tel Avivs vermittelt *Dinami | Tel. 03 7 41 47 95 | www.dinami.co.il*

CINEMA

Traumhafte Bauhaus-Architektur: Ein Kino von 1930 wurde aufwendig zum Hotel umgebaut und präsentiert sich mit ideenreicher Innenausstattung. *82 Zi. | Dizengoff Square | Tel. 03 5 20 71 00 | www.atlas.co.il | €€*

DAN TEL AVIV

Seit Jahren bei VIPs *das* In-Hotel in Tel Aviv. Es liegt direkt am Strand, die großen Zimmer bieten allen Komfort. Elegantes Haus, einziges Hotel der Stadt mit In- und Outdoor-Schwimmbad. Bester Service. *286 Zi. | Hayarkon St. 99 | Tel. 03 5 20 25 25 | www.danhotels.com | €€€*

INSIDER TIPP ▸ HILTON TEL AVIV

Im Norden am Strand gelegen und das traditionsreichste unter den Luxushotels Tel Avivs. *583 Zi. | Independence Park | Tel. 03 5 20 22 22 | www.hilton.com | €€€*

JUGENDHERBERGE BNEI DAN

Jugendherberge im Norden der Stadt am Yarkon-Fluss (Buslinien 4, 24, 25). *45 Vier- und Zweibettzimmer | Bnei Dan St. 36 | Tel. 03 5 44 17 48 | www.iyha.org.il | €*

INSIDER TIPP ▸ NEVE TZEDEK

Kleines Boutique-Hotel, das im historischen Stadtteil gleichen Namens liegt (heute ist es eines der schönsten Viertel

Cinema Hotel: In 3-D am schönsten

von Tel Aviv). Das Haus ist denkmalgeschützt, die Räume sind ein Meisterwerk des Innenarchitekten: viele Naturmaterialien, viel Glas und Grün. *22 Zi. | Dgania St. 4 | Tel. 03 5 16 01 40 | www.nevetzedekhotel.com | €€€*

SHERATON TEL AVIV HOTEL & TOWERS
Eines der ersten Hochhaushotels der Luxusklasse am Strand von Tel Aviv. Große Zimmer, zwei Schwimmbäder, perfektes Businesscenter. *313 Zi. | Hayarkon St. 115 | Tel. 03 5 21 11 11 | www.starwoodhotels.com | €€€*

AUSKUNFT

TOURIST INFORMATION CENTER
Lahot Promenade, Ecke Herbert Samuel St. *Tel. 03 5 16 61 88 | www.tel-aviv-gov.il*. Und *www.telavivcity.com, www.telaviv-insider.co.il*

Alle zwei Monate erscheint „Time out in Israel", ein Veranstaltungs- und Kulturkalender. *10 NIS, im Hotel kostenlos | digital. timeout.co.il*

ZIELE IN DER UMGEBUNG

CAESAREA MARITIMA ★
(126 B5) (*ω D4*)
Caesarea (Hefar Qesari), 45 km nördlich von Tel Aviv, ist eine der bedeutendsten

BÜCHER & FILME

▶ **Israel. Ein Staat sucht sich selbst** – Igal Avidan, ein israelischer Korrespondent in Berlin, zeigt ein Israel jenseits aller Klischees

▶ **Es war einmal ein Land** – Mit Humor und Weisheit beschreibt Sari Nusseibeh die Ähnlichkeit der Menschen verschiedener Glaubensrichtungen im Heiligen Land und wie sich deshalb in Jerusalem der Irrsinn breitmacht

▶ **Von Gaza nach Beirut** – Mit diesem israelischen Tagebuch des Journalisten und Trägers des alternativen Nobelpreises Uri Avnery verstehen Außenstehende den Nahostkonflikt besser

▶ **Der dritte Zustand** – Der international mehrfach ausgezeichnete Schriftsteller Amos Oz setzt sich in seinen Romanen – so auch in diesem – für eine Aussöhnung zwischen Israelis und Palästinensern ein

▶ **Exodus** – Otto Preminger verfilmte 1960 den Bestseller von Leon Uris über das Schicksal jüdischer Emigranten auf dem Schiff „Exodus" mit Paul Newman in der Hauptrolle

▶ **Detail** – Der mehrfach ausgezeichnete Dokumentarkurzfilm (2004) des israelischen Regisseurs Avi Mograbi zeigt die Schwierigkeiten der israelischen Armee im Umgang mit palästinensischen Zivilisten

▶ **Das Herz von Jenin** – Der Palästinenser Ismail Khatib spendet die Organe seines vom israelischen Militär erschossenen Sohns israelischen Kindern. Das deutsch-amerikanische Regisseurenteam Marcus Vetter und Leon Geller stellt in seinem Dokumentarfilm (2008) den Vater und seine Beweggründe in den Mittelpunkt

▶ **Waltz with Bashir** – Ari Folman reflektiert die Albträume, die er seit seinem Einsatz als Soldat im Libanon-Krieg hat. Der Trickfilm erhielt 2009 mit dem Golden Globe und dem César internationale Anerkennung

Ausgrabungsstätten Israels. Im antiken Caesarea, 25–13 v. Chr. von Herodes erbaut, begann im Jahr 66 der legendäre jüdische Aufstand gegen die Römer, der 70 zur Zerstörung Jerusalems führte und sein blutiges Ende 73 auf dem Felsplateau von Massada fand. Die Ausgrabungen sind noch nicht abgeschlossen, doch die Ruinen des Forums, des Amphitheaters, des Hippodroms und des römischen bzw. herodianischen Aquädukts lassen die einstige Größe und Schönheit dieser Stadt auch jetzt schon erahnen. Zur Orientierung beim Besuch: Alle römischen Ruinen liegen im *Caesarea National Park* nördlich des Kibbuz Sedat Yam (Sedot Yam). Der Aquädukt liegt 2 km nördlich des Parks. *www.parks.org.il*

Stilvoll übernachten können Sie im INSIDER TIPP ▶ *Dan Caesarea*, dem einzigen Hotel Israels mit Golfplatz – 18 Löcher direkt vor der Tür *(114 Zi. | Tel. 06 6 26 91 11 | www.danhotels.com | €€€)*. Ein Restaurant in der Nähe der römischen Ruinen ist das Clubhouse des Golfclubs *(Nineteen Caesarea | Tel. 04 6 26 70 00 | tgl. 9–22 Uhr | €€)*, das sportlich-stilvoll, aber nicht überteuert ist. Mit schöner Terrasse sowie Blick auf die Greens und Fairways.

HERZLIYA (126 A6) (*D5*)

Stadtgründung (1924) an der Mittelmeerküste (75 000 Ew., 15 km nördlich von Tel Aviv) benannt nach Theodor Herzl. Herzliya (Herzliyya) hat einen schönen, langen Sandstrand. Hotels aller Preisklassen unterstreichen seine Bedeutung als Badeort. Das *Dan Accadia* z. B. *(207 Zi. | Tel. 09 9 59 70 70 | www.danhotels.com | €€€)* in idealer Strandlage bietet Komfort und Ruhe.

NETANYA (126 B5) (*D5*)

Der Badeort verdankt seine Existenz den in dieser Region wachsenden Zit-

rusfrüchten, für die ein Versandzentrum gebaut werden musste. Der schöne Sandstrand lockte bald in- und ausländische Touristen an, und die Stadt wurde zu einem beliebten Erholungsort. Heute ist Netanya, das etwa 30 km nördlich

Caesarea Maritima: Baden bei Kreuzrittern

von Tel Aviv liegt, der größte israelische Badeort (150 000 Ew.) am Mittelmeer, mit großen und kleinen Hotels in allen Preisklassen und organisierter Unterhaltung.

Zudem ist Netanya heute das Zentrum der israelischen Diamantenindustrie. Viele kleine und große Unternehmen fertigen hier aus importierten Rohdiamanten funkelnde Brillianten, deren größter Teil exportiert wird. Aber es gibt dennoch viele Schmuckgeschäfte, darunter *Diamimon (Gad Mahnas St. 2)*. *Touristinformation: Kikar Hatzmaut | Tel. 09 8 82 72 86 | www.netanya.muni.il*

Wer einen ruhigen Strand sucht: In unmittelbarer Nachbarschaft liegt das geschichtsträchtige *Apollonia* mit einer sehr schönen Lagune.

DER NORDEN

Vögel sind wählerisch, wenn sie einen Ort zum Überwintern suchen. Das Klima, die Luft, die Vegetation, alles muss stimmen. Wenn sich Hunderte von Zugvogelarten jedes Jahr zwischen September und April im Norden Israels niederlassen, hat das also gute Gründe. Denn hier, insbesondere in Obergaliläa, ist es ruhig, ist die Landschaft noch ursprünglich, relativ dünn besiedelt, und hier gibt es große, geschützte Naturparks. Der Norden Israels, das ist das Gebiet zwischen der Yezreel-Ebene und der libanesischen Grenze, das biblische Galiläa mit Nazareth, Tiberias und dem See Genezareth, die Gegend, in der Jesus einen Großteil seines Lebens verbrachte. Im Norden, am Har Meron, steigt das Bergland von Galiläa bis 1200 m an, im Osten grenzen die von Israel besetzten syrischen Golan-Höhen direkt an den Jordan-Graben und die fruchtbare Hule-Ebene. Folgt man dem Jordan gen Süden, erreicht man den See Genezareth, einst eine Wirkungsstätte Jesu, heute touristisches Zentrum der Region mit allen erdenklichen Sport-, Bade- und Kureinrichtungen. Der Norden Israels bietet abseits der großen Zentren Möglichkeiten naturnaher Erholung. Aber weil hier einst die alten Karawanenstraßen zwischen Asien, Afrika und Europa hindurchführten, existieren auch bedeutende archäologische Zeugnisse: kanaanitische Ruinenstädte, römische Tempel, islamische und kreuzritterliche Bergfestungen, Synagogen aus der Zeit des Talmuds und des mittelalterlichen Mystizismus.

Bild: Blick über Nazareth

NAZARETH

(126 C3–4) *(⟨𝖒 E4)* **Seit biblischen Zeiten bewohnt, ist Nazareth (Nazerat, 65 000 Ew.) die Stadt, die vor allem durch Jesus Bedeutung erlangte.**
Hier verbrachte er seine Jugend, hier entwickelte er seine religiösen Vorstellungen, hier begann er seine Lehrtätigkeit. Deshalb stehen in Nazareth sehr viele Kirchen, deren Namen eine Verbindung zum Leben Jesu haben. Noch heute liegt Nazareth inmitten von Feldern, Obstkulturen und Weinanbaugebieten, als sei die Zeit still gestanden. Aber an den Hängen von Nazareth entstanden große Neubaugebiete für jüdische Siedler, die inzwischen zu Nazareth-Ilit zusammengewachsen sind.
Nachdem Sultan Beibars 1263 die Kreuzritter aus der Stadt vertrieben hatte, durften bis ins 17. Jh. keine Christen mehr hier wohnen. (Das hebräische Wort für Christen, „Natzri", kommt von Natzrat, dem hebräischen Namen Nazareths.)

NAZARETH

Nazareth ist heute die größte arabische Stadt Israels mit ca. 35 Prozent palästinensischer Christen. Ihr Zusammenleben mit den muslemischen Palästinensern verläuft konfliktfrei. Alle biblischen Sehenswürdigkeiten liegen im alten Stadtzentrum und sind gut zu Fuß zu erreichen.

JOSEFSKIRCHE

Ein paar Schritte nördlich der Verkündigungskirche bot Josefs Schreinerwerkstatt den Anlass, über Fundamenten aus der Kreuzfahrerzeit 1911 eine Kirche zu errichten. Unterhalb der Kirche ist eine Grotte zu sehen, die der Heiligen Familie

Größter christlicher Bau im Nahen Osten: die Verkündigungskirche in Nazareth

SEHENSWERTES

INSIDER TIPP GABRIELSKIRCHE

Nach früheren Überlieferungen erschien hier – und nicht in der Verkündigungskirche – der Erzengel Gabriel der Jungfrau Maria. Deshalb stand an diesem Ort bis 1263 eine Kreuzfahrerkirche über einer Quelle, deren Wasser in den nahe gelegenen Marienbrunnen fließt. Seit 1750 befindet sich genau an derselben Stelle die griechisch-orthodoxe Gabrielskirche mit einer prächtigen Ikonostase. In der Quellgrotte stößt man auf Spuren der Kreuzfahrer. In der Kirche herrscht große Stille. *Tgl. 8–18 Uhr | Al Chanuk Rd. | Eintritt frei*

einst als Unterkunft gedient haben soll. *Tgl. 7–17 (im Sommer bis 18) Uhr | Baborat Rd. | Eintritt frei*

SYNAGOGENKIRCHE

Hinter dem großen Markt steht eine griechisch-katholische Kirche an der Stelle, an der der Jude Jesus (Lukas 4, 16) am Shabbat die Synagoge aufsuchte, vor der Gemeinde aus der Thora las und sich zum Erfüller der Prophezeiung Jesajas (Jes 61) erklärte. Die von den Kreuzfahrern erbaute Kirche war 500 Jahre lang im Besitz der röm.-kath. Franziskaner. 1741 schenkte sie der türkische Sultan Daher El Omar den griechisch-orthodoxen Meltiken. *Mo–Sa 8–18, So 8–11.30 Uhr | Eintritt frei*

VERKÜNDIGUNGSKIRCHE ●

Die bedeutendste Sehenswürdigkeit Nazareths und zugleich eine der größten christlichen Kirchen im Vorderen Orient steht seit 1966 als Renaissance-Imitation nach übereinstimmender Überlieferung der großen christlichen Konfessionen genau an der Stelle *(Casa Nova St.)*, an der Maria durch Erzengel Gabriel von der kommenden Geburt Jesu erfuhr. Architektonisch ist der Bau zweigeteilt: Der obere Teil ist Maria und dem Marienkult vorbehalten, im unteren Teil wurden die Verkündigungsgrotte sowie die Ruinen einer Kreuzfahrerbasilika integriert. Der Kirchturm ist 47 m hoch. *Mo–Sa 8–12 u. 14–18 (im Winter bis 17) Uhr | Eintritt frei*

ESSEN & TRINKEN

LA FONTANA DI MARIA

Stilvoll eingerichtetes Lokal mit arabisch-orientalisch ausgerichteter Küche. Die Nähe zu „Mary´s Well", zu einem 2000 Jahre alten noch immer intakten Brunnen, an dem auch Maria einst ihr Trinkwasser geholt haben soll, bestimmt die Wanddekorationen. Besonders schmackhaft: Kebab a la Josef. *Tgl. | Hama'ayan Square | Tel. 04 6 46 04 35 | €€*

HOLYLAND INN

Auf westliche Besuchergruppen eingestellt, gegenüber der Verkündigungskirche. Breite Auswahl an orientalischen und internationalen Gerichten. *Tgl. | Paul VI. St. | Tel. 04 6 57 54 15 | €*

EINKAUFEN

In keiner anderen Stadt Israels – mit Ausnahme Jerusalems – gibt es eine solche Anhäufung von Devotionalienläden wie im Zentrum von Nazareth. Für Touristen interessant ist der Bazar. Er liegt etwas abseits am Ende der *Casa Nova St.*

ÜBERNACHTEN

CASA NOVA

Christliches Hospiz gegenüber der Verkündigungskirche; nicht nur für Pilger. Einfache Zimmerausstattung. Wer nicht durch die Gesänge morgendlicher Pilger auf dem Weg zur Verkündigungskirche geweckt werden möchte, muss ein Zimmer zum Hinterhof nehmen. *62 Zi. | Casa Nova St. | Tel. 04 6 57 13 67 | €€*

AL MUTRAN-GUESTHOUSE

Mitten in der Stadt nahe der heiligen Stätten wurde aus dem 200 Jahre alten Haus der arabischen Schmuckhändlerfamilie Qattouf ein sehr schönes Gästehaus. Nördlich der Verkündigungskirche, unweit der Gabrielskirche. *4 Suiten mit 3 bzw. 4 Zi. | Paul VI. St. | Tel. 04 6 45 79 47 | www.al-mutran.com | €€*

PLAZA HOTEL

Achtstöckiger Hotelkoloss oberhalb der Altstadt, standardisierter Luxus, Schwimmbad. Schöner Blick auf Nazareth, doch der Komfort hat seinen Preis: weite Anreise zu den christlichen Zentren *184 Zi. | Hermon St. 2 | Tel. 04 6 02 82 00 | www.plaza-nazarethilit.co.il | €€€*

★ Belvoir

Die Ruinen einer Kreuzfahrerfestung aus dem 12. Jh. bieten einen tollen Ausblick → S. 60

★ Hazor

In biblischen Zeiten war dies die mächtigste Stadt in Kanaan. Bei einem Gastaufenthalt können Sie das Leben im Kibbuz kennenlernen → S. 62

MARCO POLO HIGHLIGHTS

AUSKUNFT

NAZARETH CULTURE AND TOURISM ASSOCIATION
Im Khan El Basha Building | Casa Nova St. | Tel. 04 6 01 10 72 | www. nazarethinfo.org

TABOR ☀ (126 C4) *(ⓜ E4)*
Der biblische Berg Tabor (Tavor), später christlicher Bischofssitz, liegt 10 km östlich von Nazareth, er wird als Stätte der „Verklärung Jesu" angesehen. Seit 1631 steht hier eine große Klosteranlage der Franziskaner, in die eine frühchristliche

Hochzeitskirche Kana: Warten auf das Wein-Wunder?

ZIELE IN DER UMGEBUNG

INSIDER TIPP **KANA** (126 C3) *(ⓜ E3)*
In Kana (Kafr Kanna), dem Geburtsort des Apostels Bartholomäus, 10 km nordöstlich von Nazareth, hat Jesus bei einer Hochzeitsfeier Wasser in Wein verwandelt (Joh. 2, 1–11) – ein Wunder, das man gern wiederholt sähe. Am Ort der Hochzeit steht seit 1881 eine Franziskanerkirche, in der alte Weinamphoren und ein Stück Mosaikfußboden aus dem frühen Mittelalter an das Ereignis erinnern. Die Wände der Kirche sind mit Gemälden geschmückt, die das Wunder der Verwandlung farbenfroh erzählen *(Mo–Fr 9–12 u. 14–17, Sa 9–12 Uhr)*.

Kirche und eine Kreuzfahrerbasilika baulich integriert sind.

TIBERIAS

(127 D3) *(ⓜ E3)* **Tiberias (Teverya, 50 000 Ew.) ist die bedeutendste Stadt am See Genezareth, heute – wie schon zu Zeiten der Römer – ein Erholungszentrum mit Kureinrichtungen.**
Die heilende und prophylaktische Wirkung seiner Thermalquellen, das subtropische Klima (im Sommer bis 35, im Winter um 21 Grad) und der hohe atmosphärische Druck (die Stadt liegt 200 m unter dem Meeresspiegel) garantieren

Wohlbefinden. Direkt am See liegen die großen Hotels und das Zentrum der Stadt, dahinter erheben sich im Westen die galiläischen Berge, an deren bewaldeten Hängen sich die Stadt zunehmend ausdehnt; von den hier erbauten 🌿 Hotels hat man einen herrlichen Blick auf den See.

Von Herodes Antipas 18 n. Chr. zu Ehren des römischen Kaisers gegründet und nach ihm benannt – Prunk und Schönheit des antiken Hamat Tiberias hat Flavius Josephus beschrieben –, wurde es im 3. Jh. zu einem Zentrum jüdischer Gelehrsamkeit. Selbst die Kriege zwischen Kreuzfahrern und Moslems konnte die Stadt dank ihrer Wirtschaftskraft überleben. Im April 1948 eroberten israelische Truppen Tiberias; heute leben nur noch wenige Palästinenser hier.

SEHENSWERTES

ALTSTADT
Direkt am See liegt das alte Tiberias, einst umgeben von der 1,5 km langen Stadtmauer. Die Ruinen, die Zitadelle und die alten Straßen zeugen von der Stadtkultur, die sich in Tiberias zu Zeiten der Kreuzfahrer und im 17. und 18. Jh. unter arabischer Herrschaft entfaltet hat. Reste aus der römischen Epoche und die schon in der Antike bekannten heißen Quellen liegen 8 km südlich in *Hamat Tiberias* – die Thermen dort gelten als die ältesten der Welt.

GRAB DES RABBI AKIVA 🌿
Gedenkstätte für den beim Bar-Kochba-Aufstand 135 von den Römern lebendig gehäuteten Rabbi. Der Grabbau mit einer weißen Kuppel ist bei Touristen beliebt, weil man von hier weit über den See Genezareth, die Stadt Tiberias und den Golan schauen kann. *Zugang nur von der Trumpeldor St.*

HAMAM SULEIMAN MUSEUM
Museum zur Kulturgeschichte des Badens und Kurens im *Hamat Tiberias National Park. Sa–Do 8–17 (Okt.–März nur bis 16), Fr 8–12 Uhr | Eintritt 15 NIS*

ESSEN & TRINKEN

DECKS
Im Grillrestaurant, das am Ende der Uferpromenade in den See hineinragt, ist es laut, aber das Haus serviert sehr gute Fischgerichte. *Tgl. | Lido Beach | Tel. 04 6 72 15 38 | €€*

GALEI GIL
An weiß eingedeckten Tischen gibt es in diesem Fischrestaurant direkt am See hervorragend zubereiteten St.-Peter-Fisch. *Tgl. | Strandpromenade | Tel. 04 6 72 06 99 | €€*

FREIZEIT & SPORT

SEGELN UND SURFEN
Die *Kinnereth Sailing Company* an der Uferpromenade organisiert Bootsfahrten und verleiht Ruder- und Segelboote sowie Surfbretter an Wassersportfans. Eine der Attraktionen ist die Fahrt über den See mit dem „Jesus Boot", der Nachbildung eines Holzboots aus dem 1. Jh. *Tel. 04 6 72 30 06*

AM ABEND
Unmittelbar am Seeufer verläuft die 🌿 ● *Tayyelet,* eine schöne Promenade, die besonders am Abend zum Flanieren einlädt. Die Aussicht ist atemraubend: man blickt hinüber zu den erleuchteten Siedlungen am Ostufer des Sees und auf den Golan. Am Ende der Promenade steht eine Aluminiumskulptur, die die Konturen des Sees abbildet und seine jeweilige Wasserstandshöhe angibt.

ÜBERNACHTEN

INSIDER TIPP ▶ JUGENDHERBERGE KAREI DESHE

12 km nördlich von Tiberias, direkt am See, liegt Israels schönste Jugendherberge. Ein Teil des Anwesens wurde zu einem gehobenen Gästehaus erweitert. Wer Abgeschiedenheit bevorzugt, findet keinen besseren Ort am ganzen See. *80 Betten (auch Einzel- und Doppelzimmer) Tel. 04 6 72 06 01 | kdeshe@iyha.org.il | €*

LOW BUDGET

▶ Wer als junger Mensch einen Kibbuz näher kennenlernen möchte, kann bei freier Kost und Logie im Kibbuz *Ayelat Hashahar* nördlich des See Genezareth unweit von Rosh Pina mind. eine Woche 6 Std. landwirtschaftliche Arbeit pro Tag leisten. Für die Volunteers von Ayelat Hashahar ist der Besuch der archäologischen Stätte Hazor kostenlos. *Rechtzeitige Anmeldung erforderlich | www.ayelet. org.il oder über National Council of Volunteering | www.ivolunteer.org.il*

▶ In der „christlichsten" Stadt Galiläas, in Nazareth, dreht sich alles um Maria, Josef und ihren Sohn. Die Quelle in einer Höhle, nur 30 m nördlich der Verkündigungskirche, trägt Marias Namen. Direkt neben dieser *Mary's Well* eröffneten Elias und Martina Shama ihr Souvenirgeschäft *Cactus,* unter dem sich ein antikes Badehaus befindet. Im Shop gibt es preisgünstige Devotionalien und die Sehenswürdigkeit des römischen Badehauses umsonst dazu *(www.nazarethbathhouse.com).*

PILGERHAUS TABGHA

Am nördlichen Ufer des Sees Genezareth unterhält der katholische Deutsche Verein vom heiligen Land seit 1889 ein sehr schönes Pilgerhaus inmitten eines großen Gartens; absolut ruhige Lage. *68 Zi. | Habanim St. | Tel. 04 6 70 01 00 | pil gerhaus@tabgha.org.il | €€*

INSIDER TIPP ▶ THE SCOTS HOTEL ☆ ☺

Im Zentrum oberhalb des Sees hat die schottische Kirche ihr historisches Hospital in ein eindrucksvolles Hotel umgewandelt. Das Restaurant verwendet Kräuter aus dem eigenen Garten. Weinkeller im Gewölbe. Kunstgalerie und Schwimmbad. Das beste Hotel Tiberias – mit spannender Geschichte. *65 Zi. | Tel. 04 6 71 07 10 | www.scotshotels.co.il | €€€*

AUSKUNFT

TOURISTINFORMATION GO GALILEE
Jordan St. 1 | Tel. 06 6 79 19 81 | www. tiberias.muni.il

ZIELE IN DER UMGEBUNG

BELVOIR ★ ☆ (127 D4) (*[m]* E4)

Zu der schönen alten Kreuzfahrerfestung, 16 km südlich des Sees, gelangt man heute nur über eine lange, steile und enge Straße, die von der Nationalstraße 90 in Richtung Westen abzweigt. Die 1140 erbaute Festung gehörte den Hospitalitern, bis sie 1189 von Sultan Saladin erobert wurde. Die mächtigen Ruinen belegen die einst große strategische Bedeutung der Burg. Herrlicher Blick übers Jordantal. *Sa–Do 8–17, Fr 8–14 Uhr | Eintritt 23 NIS*

INSIDER TIPP ▶ BERG DER SELIG-PREISUNG ☆ (127 D3) (*[m]* E3)

Auf dem „Mount Beatitudes" am Nordwestufer des Sees Genezareth hat Jesus den Kern seiner Lehren in der Bergpredigt zusammengefasst und zum ersten Mal das Vaterunser gebetet (Matth. 5–7). Der Berg mit der *Kirche der Seligpreisung (tgl. 8–12 u. 14.30–17 Uhr)* liegt 4 km oberhalb von *Tabgha.* Der Aufstieg

Thermenanlage, das *Nymphäum* sowie die prachtvollen langen Kolonnaden der *Palladiusstraße. Okt.–März tgl. 8–16, Nov.– April So–Do 8–20, Fr/Sa 8–17 Uhr | Eintritt 35 NIS*

Nur ein Teil der antiken Stadtanlage: das römische Theater von Bet Shean

wird mit einem wunderbaren Panoramablick belohnt. Tipp: Sie können auf Jesus' Spuren von Tabgha hinauf zum Berg der Seligpreisung wandern *(www. biblewalks.com).*

BET SHEAN (127 D4) (*M E4*)

Als wichtiger Handelsknotenpunkt zählte Bet Shean (Bet She'an, 25 km südlich des Sees Genezareth) in der Antike zu den bedeutendsten Städten Palästinas. Besonders interessant ist das gut erhaltene, imposante *römische Theater,* das zu den schönsten römischen Bauwerken in Israel zählt. Auf seinen Sitzreihen hatten bis zu 7000 Zuschauer Platz. Ebenfalls archäologisch interessant sind die große

EN GEV ● (127 D3) (*M F3*)

Den Kibbuz erreicht man 8 km östlich mit dem Ausflugsdampfer über den See; 23 km auf dem Landweg um das Südufer. Er bietet ein Freizeitzentrum, Campingplatz, das *Esco Musik Center,* wo alljährlich im April das „En Gev Music Festival" stattfindet und ein ☘ Restaurant am Seeufer. Von diesem kibbuzeigenen Fischrestaurant hat man einen herrlichen Blick über den See Genezareth nach Tiberias *(tgl. 12–22 Uhr | Tel. 04 6 75 00 11 für Reservierungen).* Zum Kibbuz gehört das 2 km südlich liegende Hotel *Holiday Resort (88 Zi., 63 Chalets | Tel. 04 6 65 98 00 | www.eingev.org.il | €€).*

INSIDER TIPP ▶ GINOSSAR

(127 D3) (*ƒ* E3)

Ginossar (Ginnosar) ist ein Kibbuz am nordwestlichen Ufer des Sees mit bedeutendem archäologischen Fund: 1986 entdeckten zwei Fischer nach einem Dürrejahr, in dem der Wasserspiegel des Sees sehr niedrig war, im Schlamm ein 2000 Jahre altes Holzboot.

GOLAN-HÖHEN

(127 D–E 1–3) (*ƒ* F2–3)

Der Golan ist ein syrischer Höhenzug von etwa 70 km Länge und 25 km Breite, von dem aus Syrien nach 1948 israelische Dörfer beschoss. 1967 hat Israel große Teile des Gebietes besetzt, dann besiedelt und 1980 durch formale Annexion zu israelischem Gebiet erklärt. Auf dem Golan leben auch arabische Drusen. Vom ☼ INSIDER TIPP ▶ *Peace Observation Point* in *Kefar Haruv* hat man einen sehr schönen Blick über den ganzen See Genezareth.

HAZOR ★ (127 D2) (*ƒ* E3)

Direkt neben dem 1919 gegründeten *Kibbuz Ayelet Hashahar,* 15 km nördlich des Sees Genezareth liegt Hazor, das zur Zeit der Bibel die mächtigste Stadt Kanaans war. Heute ist der Ort einer der größten Ausgrabungsanlagen. Besonders interessant sind die Paläste, Tempel sowie Mauer- und Befestigungsanlagen aus der Zeit von König Salomo, also dem 10. Jh. v. Chr. Die gewaltige Anlage des alten Hazor kann man als Modell im *Kibbuz-Museum* bewundern *(April–Sept. Sa–Do 8–17, Fr. 8–14, Okt.–März Sa–Do 8–16 Uhr | Eintritt 10 NIS).* Ein komfortables Gästehaus gibt es im Kibbuz *(22 Zi. | Tel. 04 6 73 39 99 | €€).*

KAPERNAUM (127 D3) (*ƒ* E3)

Das Neue Testament (Matth. 9, 1) überliefert, dass das Hafenstädtchen *Kefar Nahum* am Nordufer des Sees Genezareth von Jesus gern für öffentliche Predigten besucht wurde. Hier traf er auch Petrus, einen seiner Jünger. Bedeutsam sind heute die römischen Ausgrabungen, eine Synagoge aus dem 4. Jh. sowie das achteckige *Haus des Petrus (tgl. 8.30–16 Uhr | Eintritt 10 NIS),* das im 5. Jh. erbaut wurde. Zwischen Tiberias und Kapernaum gibt es eine Fährverbindung *(nur Juli, Aug., Fahrtdauer 45 Min.).*

SAFED (127 D2) (*ƒ* E3)

Zefat, die Stadt der Kabbalisten mit vielen alten Synagogen ist eine der vier heiligen Städte Israels. Historisch erlangte sie Bedeutung durch ein Pogrom der Kreuzfahrer, die alle Juden Safeds töteten. Die Stadt liegt 25 km nördlich von Tiberias und 900 m hoch auf einem Berg, auf dem die Ruinen einer Festung stehen, die zuerst von den Römern, dann von den Kreuzfahrern, später von den Mamelukker und zuletzt von den Türken ausgebaut wurde. An der Südseite des Berghangs liegt das alte jüdische Viertel. Einige Häuser stammen noch aus dem 16. Jh. In diese Zeit fallen auch die mystischen Thora-Interpretationen *(Kabbalah)* ortsansässiger Rabbiner, die Safed zu einem neuen religiösen Zentrum machten. Heute hat die Stadt 30 000 Ew. In ihren engen Gassen spürt man eine prickelnde Mischung aus religiöser Atmosphäre (mehr als zehn Synagogen, viele jüdische Privatschulen) und leichter irdischer Lebensweise (Fußgängerzonen mit Straßencafés, Galerien, Boutiquen).

SEE GENEZARETH

(127 D3) (*ƒ* E–F 3–4)

Als größter Süßwassersee des Landes gehört das „Galiläische Meer" zu den ganz großen natürlichen Reichtümern Israels: Von hier werden mithilfe einer gigantischen Pipeline viele Städte und sogar die

Wüste Negev mit Wasser versorgt. Der See Genezareth misst ca. 10 km von Ost nach West und ca. 20 km von Nord nach Süd, ist bis zu 50 m tief und wird vom Jordan durchflossen; er liegt 200 m unter dem Meeresspiegel. Seinen hebräischen Namen *Yam Kinnereth* (Kinner = Harfe) gab ihm der Herr selbst: er soll den Klang seiner Wellen mit dem Schlagen einer

surfbretter ausleihen *(Ma'agan Holiday Village | an der Südspitze des Sees Genezareth | Tel. 04 6 65 44 33 | www.maagan. com | 1 Std. 30 NIS).*

INSIDER TIPP **TABGHA** (127 D3) *(ŋ E3)*
Eines der berühmtesten Wunder der Bibel geschah am Nordufer des Sees Genezareth: Bevor er auf dem nahe

Angenehm schlichte Architektur: die Brotvermehrungskirche in Tabgha

Harfe verglichen haben. Im Neuen Testament spielt der See eine zentrale Rolle im Leben Jesu. Viele seiner Handlungen und Wunder werden mit dem See selbst oder mit Orten in seiner unmittelbaren Umgebung in Zusammenhang gebracht. Das Seeufer ist, wenn nicht durch Gebäude oder Kibbuzim verbaut, an den meisten Stellen sehr steinig. Die östlichen Uferabschnitte sind einsamer. Schöne kleine Sandstrände finden Sie an der nordöstlichen Ecke. Im Feriendorf Ma'agan, das zum gleichnamigen Kibbuz am Südufer des See Genezareth gehört, kann man am hauseigenen Strand Wind-

gelegenen Berg der Seligpreisung die Bergpredigt hielt, speiste Jesus mit nur einer Tagesration, die einer der ihm folgenden Fischer bei sich hatte, 5000 Menschen. An dieses Wunder erinnert die *Brotvermehrungskirche (tgl. 8.30–17 Uhr).* Sie steht auf den Fundamenten der ursprünglichen Kirche aus dem 5. Jh. und hat einen sehenswerten Mosaikfußboden. Vom Parkplatz neben dem Kirchengelände führt ein Weg durch eine schöne Gartenanlage zum See. Diese Stelle wird besonders gern von Pilgergruppen aufgesucht, um hier zu beten. Tabgha liegt etwa 12 km nördlich von Tiberias.

JERUSALEM

■ **KARTE IM HINTEREN UMSCHLAG**

CITY **WOHIN ZUERST?**

Jaffator (U C4) *(⌂ c4)*: Vom *Jaffator* erreicht man zu Fuß viele bedeutende Sehenswürdigkeiten, die nahezu alle in der ummauerten Jerusalemer Altstadt liegen. Taxis oder öffentliche Busse fahren vom Jaffator nach Westjerusalem z. B. zur *Knesset* oder *Yad Vashem (Linien 9, 17, 24 | Fahrpreis 5 NIS | nicht am Shabbat)*. Man sollte nicht mit dem Leihwagen nach Jerusalem kommen. Die Straßen sind ausschließlich auf Hebräisch ausgeschildert und es gibt nur wenige, teure Parkplätze, z. B. unter der *Mamilla Mall (30 Min. 4 NIS)*.

Die Stadt Jerusalem (Yerushalayim) (129 D2) *(⌂ E6–7)* liegt 800 m hoch in den judäischen Bergen, 70 km östlich von Tel Aviv. Unmittelbar vor der Altstadtmauer verlief bis 1967 die Grenze zum Königreich Jordanien; in den von Israel einseitig erweiterten Stadtgrenzen hat Jerusalem heute etwa 800 000 Ew.

Im Mittelalter brauchten Pilger über eine Woche, um von der Küste „hinauf nach Jerusalem" zu gelangen. 1898 benötigte der deutsche Kaiser noch zwei Tage für die Strecke, als er zur Einweihung der protestantischen Erlöserkirche ins damals türkische Jerusalem reiste. Heute dauert die Fahrt auf der Schnellstraße Nr. 1 nur noch 40 Minuten. Jerusalem ist

Bild: Jerusalem, Blick auf den Felsendom

Yerushalayim und El Kuds – Für die Israelis ist Jerusalem der „Ort des Friedens", für die Araber „die Heilige"

deshalb idealer Ausgangspunkt für Unternehmungen im ganzen Land.

Nirgendwo begegnen sich die drei monotheistischen Weltreligionen so nah wie in Jerusalem. Für die Juden baute König Salomon hier den Großen Tempel, für die Christen ist die Stadt aufs Engste mit dem Wirken, Sterben und Auferstehen Jesu verbunden, für Muslime gehören Felsendom und Al-Aqsa-Moschee zu ihren heiligsten Stätten. Diese Orte religiöser Verehrung, an denen sich jedes Jahr Hunderttausende von Pilgern aus aller Welt einfinden, liegen dicht beieinander in der Altstadt.

In der ummauerten Altstadt bewegt man sich – heute genauso wie zu Zeiten der biblischen Apostel – zu Fuß. Durch eines der sieben mächtigen Stadttore (das achte, das Goldene Tor, ist seit Jahrhunderten zugemauert) gelangt man in ein Gassengewirr, in dem man sich beim ersten Mal nur schwer zurechtfindet. Dank kleiner Straßenschilder erreicht man aber auch ohne Stadtplan die Sehenswürdigkeiten. Lassen Sie sich Zeit in der Altstadt, streifen Sie durch die Bazare, nehmen Sie einen Kaffee mit Kardamom oder einen schwarzen Tee mit Pfefferminze in einem arabischen oder armenischen Café, ruhen Sie sich so für kurze Zeit aus, bevor Sie zur nächsten Sehenswürdigkeit salems einschließlich der Altstadt und machte ganz Jerusalem zur Hauptstadt seines Staates. Die Vereinten Nationen erkannten diesen Schritt nie an. Deshalb befinden sich die Botschaften nahezu aller Staaten der Welt in Tel Aviv. Am

Der Duft des Orients: Lebensmittel-Souk in Jerusalems Altstadt

eilen oder sich wieder ins Abenteuer des Feilschens und Kaufens stürzen.

Yerushalayim, der hebräische Name der Stadt, bedeutet „Ort des Friedens". Im Arabischen heißt sie *El Kuds,* „die Heilige". Doch nicht Frieden, sondern Krieg ist kennzeichnend für Jerusalem; 36-mal wurde die Stadt von Kriegen heimgesucht, mehr als ein Dutzend Mal zerstört, und bis heute erheben Israelis und Palästinenser gleichermaßen Anspruch auf jenen Teil Jerusalems, der vor 1967 noch nicht zu Israel gehörte. Aber nach jeder Zerstörung wurde Jerusalem – und von 1967 bis heute schöner denn je – wieder aufgebaut.

Nach dem Ende des Sechs-Tage-Kriegs besetzte Israel 1967 den Ostteil Jeru-

30. Juli 1980 bekräftigte die Knesset die Annexion: „Das vereinte Jerusalem ist in seiner Gesamtheit Hauptstadt Israels." Jerusalem, die geteilte und endlich wiedervereinte Stadt? Solche Begriffe vermitteln einen falschen Eindruck, weil man sofort an ehemals geteilte Städte wie Berlin denkt. Eine solche Teilung bestand aber in Jerusalem nie. Die Trennungslinie verlief nach dem Waffenstillstand von 1949 nicht durch eine gewachsene Stadt mit homogener Bevölkerung, sondern zwischen der im Westen gelegenen, von Israel ausgebauten Neustadt mit fast ausschließlich jüdischen Bewohnern und dem im Osten liegenden Teil einschließlich der Altstadt, dem historischen Jerusalem, das mit Ausnahme des

kleinen Jüdischen Viertels in der Altstadt zu dieser Zeit fast ausschließlich von Arabern bewohnt war.

Der Knesset-Beschluss von 1980 verschärfte die Fronten; 1987 bezog zudem Ariel Sharon (später Ministerpräsident) demonstrativ ein Haus im Arabischen Viertel in der Nähe des Damaskustors, und behauptete, dieses Haus habe zur Zeit der Türken einem jüdischen Vorfahren gehört. Auf derartige Provokationen antworten die Palästinenser erfahrungsgemäß mit ziviler Gewalt, die dann wiederum die Gewalt des israelischen Staates nach sich zieht.

Von 1965 bis 1993 hatte der aus Österreich emigrierte Teddy Kollek das Amt des Bürgermeisters von Jerusalem inne. Er plädierte stets dafür, dass Frieden und das friedliche Miteinander nicht bloß Ziel, sondern auch Mittel sein müsse, um Frieden zu erreichen. Deshalb wandte er sich gegen die missionarischen Eiferer, die ihre Lebensweise über ihren Stadtteil Mea Shearim hinaus auf ganz Jerusalem ausdehnen wollen (z. B. durch gewaltsa-mes Erzwingen eines Autofahrverbots am Shabbat), und gegen Provokationen der fanatischen Gush-Emunim-Siedler, die zwischen Felsendom und Al-Aqsa-Moschee jüdische Gebetsfeiern zelebrieren. Seine Nachfolger vom konservativen Likud, Ehud Olmert (1994–2003, danach bis 2009 Ministerpräsident), und Uri Lupolianski (2003–08) hielten von friedlicher Koexistenz wenig und förderten durch jüdische Neubebauung im arabischen Ostteil die Idee von der „ungeteilten Hauptstadt" Israels. Selbstmordattentate und der Bau einer Mauer auf palästinensischem Territorium begleiten seitdem die „Israelisierung" Ostjerusalems. Seit 2009 ist der säkulare, rechtsnationale Nir Birkat Bürgermeister von Jerusalem. Er ließ zu, dass 2010 eine jüdische Gebetsschule den 3. Stock und das Dach eines palästinensischen Hauses gegenüber der 5. Station der Via Dolorosa besetzte und dort seitdem ein halbes Dutzend überdimensional große israelische Fahnen mitten im arabischen Viertel hinaushängen (sehr gut zu sehen

---

⭐ **Al-Aqsa-Moschee und Felsendom**
Zwei der größten Heiligtümer des Islams → S. 68

⭐ **Grabeskirche**
Hier endete der Leidensweg Christi → S. 70

⭐ **Jüdisches Viertel**
Nach der Eroberung der Altstadt 1967 glanzvoll wieder aufgebaut → S. 73

⭐ **Klagemauer**
Das nationale und religiöse Symbol → S. 73

⭐ **Ölberg**
Die Aussicht auf die Altstadt von hier oben ist nicht zu übertreffen → S. 75

⭐ **Yad Vashem**
Gedenkstätte für die Opfer des Holocaust → S. 77

⭐ **American Colony**
Übernachten im einstigen Pascha-Palais; schwelgen in orientalischem Luxus → S. 80

⭐ **Jericho**
Wo einst die Trompeten erschallten … → S. 84

MARCO POLO HIGHLIGHTS

vom Dach des Österreichischen Hospiz). Die Palästinenser Jerusalems boykottieren seit 1967 die Parlamentswahlen der „Besatzungsmacht Israel".

Seit 1967 hat Israel die Stadtgrenzen einseitig erweitert und das Stadtgebiet von Jerusalem in Richtung Osten ausgedehnt. Ein Ring jüdischer Wohnsiedlungen umgibt die Stadt, im besetzten Ostjerusalem leben heute schon so viele jüdische Israelis wie Palästinenser. Seit 2004 baut Israel jenseits des Ölbergs auf besetztem Gebiet eine bis zu 8 m hohe Betonmauer mit Wachtürmen mitten durch palästinensische Dörfer und trennt damit das palästinensische Ostjerusalem vollständig von der Westbank ab. Die Vereinten Nationen protestieren heftig, sind aber machtlos gegen den Mauerbau, den die Israelis „Anti Terror Fence" (Antiterrorzaun) nennen.

Jerusalem – drei Religionen, zwei Völker, eine Stadt! Für die Palästinenser und für die ganze arabische Welt ist Jerusalem Teil des Verhandlungspakets bei den Friedensverhandlungen. Weil aber alle auch um die hohe symbolische Bedeutung Jerusalems für die Juden wissen, müssen Kompromisslösungen gefunden werden. Jerusalem muss *eine* Stadt bleiben, aber weil zwei Völker in ihr leben, kann sie doch „Hauptstadt" zweier Staaten – Israels *und* Palästinas – werden mit jeweils eigenen Kommunalverwaltungen unter dem Dach eines Gesamtkommunalrats. Der israelische Schriftsteller und ehemalige Knesset-Abgeordnete Uri Avnery wirbt ebenso wie der palästinensische Journalist Hanna Siniora seit Langem für diese Lösung, die die UN bereits 1947 mit einer „Internationalisierung" Jerusalems im Auge hatten.

„Wünschet Jerusalem Glück!", heißt es im 122. Psalm. „Es möge Frieden sein in deinen Mauern und Glück in deinen Palästen! Um meiner Freunde und Brü-der willen will ich dir Frieden wünschen." Dazu bedarf es heute sehr viel mehr als der Wünsche des Psalmisten.

SEHENSWERTES

AL-AQSA-MOSCHEE UND FELSENDOM
⭐ (U D–E 3–4) *(ᗰ d–e 3–4)*

Zu den bedeutendsten Sehenswürdigkeiten Jerusalems gehören der Felsendom mit seiner vergoldeten Kuppel und die Al-Aqsa-Moschee auf dem *Tempelberg;* beide unterstehen der muslimischen Awqaf-Verwaltung, aber Israel kontrolliert den Zugang. Der Besuch des Tempelbergs ist eingeschränkt möglich, der der Moscheen ist Gruppen in Ausnahmefällen nach Voranmeldung *(Tel. 03 6 22 62 50)* gestattet.

Kein anderes sakrales Gebäude symbolisiert machtvoller die Verbindungen zwischen Judentum, Christentum und Islam als der *Felsendom (Qubbet es-Sakhra).* An der Stelle, an der einst der jüdische Tempel stand, wölbt sich seine vergoldete Kuppel mit einem Durchmesser von 26 m über der Opferstätte Abrahams und dem Felsen, von dem aus der Prophet Mohammed auf seiner Stute Al-Burak in den Himmel ritt. Die 16 wunderschönen farbigen Fenster im Tambour dieser achteckigen Moschee, die Kalif Malik Ibn Marwa im Jahr 691 errichten ließ, gehören zu den kostbarsten Kunstwerken des Islams.

Neben dem Felsendom, im südlichen Teil des Tempelbergs, steht die *Al-Aqsa-Moschee,* die größte Moschee Jerusalems – 5000 Gläubige können sich in der Moschee gleichzeitig Richtung Mekka verneigen. Sie wurde von Kalif Abdul Walid, dem Sohn des Erbauers des Felsendoms, 714 errichtet und markiert den Endpunkt der in der 17. Sure des Korans beschriebenen wundersamen Reise Mohammeds von Mekka zur damals entferntesten Mo-

schee Al-Aqsa (arabisch: die Entfernte) in Jerusalem. Kalif Al-Sahir erneuerte die Moschee 1034 nach einem Erdbeben und stiftete die silberne, leuchtende Kuppel. Felsendom und Al-Aqsa-Moschee, nach Mekka und Medina drittheiligster Ort aller Muslime, stehen seit 1300 Jahren auf dem mächtigen Plateau, das die Israelis *Tempelberg (Berg Moriah)* nennen, weil dort der Erste und der Zweite Tempel standen. Der Tempelberg ist von Mauern – im Westen der Klagemauer – umbaut. Juden ist das Betreten des Tempelbergs nicht gestattet, sie könnten – so die Position des Oberrabbinats – versehentlich auf jene Stelle treten, die in biblischen Zeiten innerhalb des Tempels nur der Hohepriester betreten durfte. Doch nicht alle jüdischen Israelis nehmen darauf Rücksicht: Um jüdische Ansprüche auf dem Tempelberg anzumelden, hielten einige von ihnen auf dem Platz zwischen den beiden Moscheen provokativ Gebetsfeiern ab und versuchten mehrmals, einen Grundstein für einen dritten Tempel zu legen. Der Zugang zum Tempelberg führt für Touristen nur über eine Holzbrücke (neben der Klagemauer) und unterliegt sehr strengen israelischen Sicherheitskontrollen. *So– Do 7.30–11 u. 12.30–14.30 Uhr | Eintritt frei.* Ein Besuch der beiden Moscheen ist Einzelbesuchern zurzeit nicht gestattet.

ANNAKIRCHE (U E3) (🕮 e3)
In ihrem Eifer, Palästina vollständig unter christlichen Einfluss zu bringen, bauten die Kreuzfahrer überall Kirchen als Markierungen ihres Herrschaftsanspruchs. Im 12. Jh. entstand so die Annakirche zu Ehren der Mutter Marias. Sie grenzt an das *Stephanstor* und ist eines der besterhaltenen Kreuzfahrerbauwerke Palästinas. Der *Bethesda-Teich* liegt in unmittelbarer Nähe. *Mo–Sa 8–17 (April–Sept. bis 18) Uhr | Eintritt frei*

Jerusalems prächtigstes Bauwerk: der Felsendom

INSIDER TIPP ARMENISCHES VIERTEL
(U C4–5) (*m c4–5*)

Es ist das wohltuend ruhige Viertel in der Altstadt Jerusalems, durchmischt mit Wohnhäusern, Kirchen, Bibliotheken und Klöstern – keine Geschäfte, keine Cafés, keine Restaurants zerstreuen. Hier leben seit 2000 Jahren armenische Christen und ihr Patriarch, ihr religiöses Oberhaupt in Israel. Zentraler Bezugspunkt des Viertels ist die *St. Jakobskirche (St. James Cathedral).* Sie wurde im 12. Jh. errichtet und trägt den Namen des Jüngers Jesu *(tgl. 15–15.45, Mo–Fr 6.30–7.30, Sa 6.30–9.30 Uhr).* Besuchenswert ist auch das *Museum für armenische Geschichte (Mo–Sa 10–16.30 Uhr | Eintritt frei).*

BERG ZION (U C5) (*m c5*)

In der Nähe des Zionstors, südwestlich außerhalb der Stadtmauern, liegt auf einer Anhöhe das Grab Davids *(King David's Tomb | So–Do 8–17, Fr 8–13 Uhr).* In den gegenüberliegenden Räumlichkeiten feierte Jesus mit seinen Jüngern das Abendmahl *(Cenaculum, Room of the Last Supper | tgl. 8–17 Uhr).* In der benachbarten Kirche *(Dormition Abbey | Mo–Fr 8.30–12 u. 12.30–17.30 Uhr)* verehren Katholiken den Ort, an dem Maria starb und gen Himmel fuhr. Die Kirche wurde von deutschen Benediktinern zwischen 1903 und 1910 erbaut.

Am Osthang des Bergs Zion wurde Jesus nach biblischer Überlieferung von seinem Jünger Petrus dreimal verleugnet „bevor der Hahn krähte". Dessen gedenken Gläubige in der Kapelle *St. Peter in Gallicantu (tgl. 8.30–17 Uhr).*

Als Gedenkstätte für die jüdischen Opfer des Nationalsozialismus liegt heute neben dem Grab Davids *The Chamber of the Holocaust (So–Do 9–15.45, Fr 9–13.30 Uhr). Alle Besichtigungen auf dem Berg Zion sind kostenlos*

CHAGALL-FENSTER (O) (*m O*)

Für die Synagoge des Hadassah Medical Center weit draußen im Stadtteil En Kerem hat Marc Chagall zwölf Fenster gestaltet, die den zwölf Stämmen Israels gewidmet sind. Die Fenster sind eine Touristenattraktion geworden. *So–Do 8–13.15 u. 14–15.30 Uhr | Hadassah-Hospital, En Kerem, Eingang Kennedy Building | www.hadassah.org.il | Eintritt 10 NIS*

DAVIDSZITADELLE (U C4) (*m c4*)

1967 entdeckten Archäologen, dass die Grundmauern des bis dahin als „Palast des Herodes" bekannten Orts auf eine Zeit weit vor Christus verweisen. Die von Kaiser Hadrian zerstörte Festung ließ Sultan Suleiman im 16. Jh. wieder aufbauen; das Minarett wurde erst 1665 fertiggestellt. Die Zitadelle *(Tower of David)* beherbergt das *Museum für die Geschichte Jerusalems.* Vom Turm hat man eine sehr schöne Aussicht über die Altstadt. *So–Do 10–17, Fr 10–14 Uhr | Eintritt 30 NIS, Audioguide: 10 NIS, Sound-and-Lightshow: 55 NIS | Tel. 02 6 26 53 33 | www.towerofdavid.org.il*

ERLÖSERKIRCHE (U D4) (*m d4*)

Die Kirche *(Church of the Redeemer)* wurde 1898 als Stiftung Kaiser Wilhelms II. in der Nähe der Grabeskirche gebaut, um eine protestantische Präsenz in der Heiligen Stadt sicherzustellen; heute ist sie das Zentrum der Jerusalemer Lutheraner. Das Ersteigen des 46 m hohen Turms lohnt sich der einmaligen Aussicht wegen. *Mo–Do, Sa 9–13 u. 13.30–15 Uhr | Aufstieg 4 NIS*

GRABESKIRCHE ★
(U C–D4) (*m c–d4*)

An den Ort *(Church of the Holy Sepulchre)*, an dem sich nach christlichem Glauben das Schicksal Jesu erfüllt hat – sein Opfertod am Kreuz, seine Grablegung und schließlich die Auferstehung –, strömen seit 1700 Jahren Christen aus aller Welt. Auf Wunsch seiner Mutter Helena ließ Kaiser Konstantin 326 am Berg Golgatha jene Kirche errichten, die ihre in der Kirche zu Auseinandersetzungen zwischen den Konfessionen und zu einer Anhäufung unterschiedlicher Heiligenverehrungen führte. Im Kampf um die Plätze in der Kirche fielen den

Marc Chagall schuf die wunderschönen Fenster in der Synagoge des Hadassah-Hospitals

heutige Form erst 1149 durch die Kreuzfahrer erhielt. Eingeengt zwischen Basar, Klöstern und Kapellen ist die Grabeskirche, ihre schönen Steinmetzarbeiten an der Eingangsfassade erst zu erkennen, wenn man im Vorhof vor der Kirche steht. Über mehrere Stockwerke verteilt und teilweise sehr verschachtelt beherbergt sie im Inneren 30 Kapellen, die sich sechs christliche Konfessionen (Armenier, Äthiopier, Griechisch-Orthodoxe, Römische Katholiken, Kopten und syrische Jakobiten) teilen. Ein nicht enden wollender Streit zwischen den Konfessionen hatte jahrhundertelang einen Wettstreit der rechten Gläubigkeit ausgelöst, der

Armeniern, Katholiken und Griechisch-Orthodoxen schließlich das Hauptschiff, den Kopten, Äthiopiern und syrischen Jakobiten die Seitenschiffe und die Empore zu. Nur das heilige Grab in der Mitte der Kirche gehört allen sechs gemeinsam. Um die Streitigkeiten zu beenden, übergab Sultan Saladin im 12. Jh. die Schlüsselgewalt über die Heilige Stätte einer muslimischen Familie in Jerusalem. Ihre Nachkommen haben bis heute die Aufgabe, jeden Morgen das Portal der Kirche zu öffnen und am Abend wieder zu verschließen. Nachts bleiben von jeder Konfession mehrere männliche Mitglieder in der Kirche.

Im Zentrum der Grabeskirche befindet sich das heilige Grab. Von hier führt ein schmaler Gang zur Grabkammer, die nur mit Kerzen erhellt wird. Vor ihr bilden sich meist lange Schlangen, weil sich nur maximal fünf Personen gleichzeitig

INSIDER TIPP **HASMONÄER-TUNNEL**
(U D3–4) (🗺 d3–4)

Unterirdische Gänge entlang der Tempelbergmauer *(Western Wall Tunnel)* zwischen Klagemauer und Via Dolorosa. Archäologisch hochinteressante Ausgra-

Grabeskirche: der Salbungsstein symbolisiert die 13. Station des Kreuzwegs

in der engen Kammer des Grabes aufhalten können.

Ein Rundgang durch die Grabeskirche gleicht einer Wanderung durch ein Labyrinth überladener Religiösität. Damit Sie den Überblick nicht verlieren, sollten Sie sich einer Führung anschließen oder die Kirche erst am späten Nachmittag besuchen, wenn sich nur noch wenige Betende in ihr aufhalten. Täglich um 16 Uhr halten die katholischen Franziskaner in ihrer Kapelle eine Messe. Im Anschluss ziehen sie in einer feierlichen Prozession mit Kerzen durch die Kirche. *Tgl. Sept.–Mai 5–19, Juni–Aug. 4–20 Uhr | Eintritt frei*

bungen aus der Zeit des Zweiten Tempels. *Besuch nur in geführten Gruppen | Reservierung nur bei Western Wall Heritage Foundation unter Tel. 02 6 27 13 33 | www.thekotel.org*

HERODIAN QUARTER – THE WOHL MUSEUM AND BURNT HOUSE
(U D4) *(🗺 d4)*

Kult- und Haushaltsgegenstände aus der Zeit des Zweiten Tempels in einem 1970 ausgegrabenen und rekonstruierten Wohnhaus einer reichen Jerusalemer Familie in der Altstadt, das von den Römern 70 n. Chr. zerstört wurde. Audiovisuelle Präsentation. *So–Do 9–17, Fr 9–13 Uhr |*

Hakaraim St. | Jüdisches Viertel | www.
rova-yehudi.org.il | Eintritt 15 NIS

ISRAEL-MUSEUM ● (0) (𝄞 0)
Das Israel-Museum ist das größte und bedeutendste Museum des Landes; es besteht aus mehreren Abteilungen. Dazu gehören das Bezalel-Kunstmuseum, das Bronfman-Archäologie- und Bibelmuseum und der Billy-Rose-Kunstgarten mit modernen Plastiken. Besonders eindrucksvoll ist der berühmte *Shrine of the Book.* Hier befinden sich die 1947 in Qumran gefundenen Schriftrollen mit dem ältesten Bibeltext aus dem Buch Jesaja. Hinzu kommen einmalige Exponate aus den Zeiten Jesu und des frühen Christentums sowie ein Open-Air-Modell Jerusalems (Maßstab 1:50) zur Zeit der Römer, das die dominierende Lage des Tempelbergs und des Zweiten Tempels eindrucksvoll veranschaulicht. Wechselnde Sonderausstellungen und Aktivitäten für Kinder. *Mo, Mi, Do, Sa, So 10–17, Di 16–21, Fr 10–14 Uhr | Ruppin St. | Givat Ram, gegenüber der Knesset | www. imj.org.il | Eintritt 36 NIS*

JÜDISCHES VIERTEL ★ (U D4) (𝄞 d4)
Das Viertel wurde nach der Eroberung Ostjerusalems im Sechs-Tage-Krieg nach alten Vorlagen eindrucksvoll rekonstruiert. Heute leben hier etwa 700 jüdische Familien und Yeshiva-Studenten meist in teuren Eigentumswohnungen. Ausländer und nicht-jüdische Israelis können nicht ins jüdische Viertel Jerusalems ziehen, denn der Käufer muss eine Familie haben, die Wohnung permanent bewohnen und unter die israelische Wehrpflicht fallen. Trotz der strengen Shabbat-Ruhe unterscheidet sich das Viertel wesentlich von Mea Shearim. Hier gibt es gemütliche Teehäuser und Cafés, Läden, Geschäfte und an jeder Ecke architektonisch Interessantes zu entdecken. Außerdem hat kein Altstadtviertel so viele Museen wie das jüdische Viertel. Quer durch das Quartier verläuft der freigelegte und vorbildlich restaurierte *Cardo,* die Nord-Süd-Verbindungsstraße des römischen Jerusalems mit unterirdischen Abwasserkanälen. Im frei zugänglichen *Cardo Information Centre* steht ein Modell des Viertels in der Römerzeit. Sehenswert ist auch die neue, seit 2008 rekonstruierte *Hurva-Synagoge,* in der sich ein mächtiger Stützbogen der alten, 1948 zerstörten befindet. Ebenso lohnt sich der Besuch *Herodian Quarter Museums* mit dem sogenannten „Verbrannten Haus".

KLAGEMAUER ★ ● (U D4) (𝄞 d4)
Die Klagemauer *(Western Wall),* die heiligste Stätte der Juden, symbolisiert seit der Zerstörung Jerusalems durch die Römer unter Kaiser Titus im Jahr 70 und der anschließenden Vertreibung ihre jahrhundertealte Sehnsucht nach einer Rückkehr nach Jerusalem und letztendlich nach einem eigenen Staat. Am Shabbat versammeln sich besonders viele Gläubige vor den riesigen Kalksteinquadern. Die Klagemauer war einst die westliche Außenwand des Tempelbezirks, nicht des Tempels. Ihren Namen trägt sie seit der Zerstörung des Zweiten Tempels. Beim Aufenthalt an der Mauer ist eine Kopfbedeckung erforderlich, weil der Vorplatz als Synagoge gilt. Seit 1970 beten auf Drängen des Oberrabbinats Frauen und Männer getrennt an der Mauer. Klagemauer-Knigge: Besucher dürfen ungeachtet der Betenden dicht an die Mauer herantreten, sollten aber nicht rauchen, Handys ausschalten, keine Gespräche führen, keine Kerzen abbrennen und nur am Sabbath nicht fotografieren. An der Klagemauer wird in unterschiedlicher Haltung gebetet: Während Christen beim Beten regungslos stehen oder knien, Muslime sich nach einem vorge-

Klagemauer: Hier halten Gläubige Zwiesprache mit Gott

schriebenen Ritual allein oder gemeinsam bewegen, geraten gläubige Jude durch individuelle heftige Bewegungen in die gewünschte Andachtsstimmung. Denn Bewegungen erfüllen den Psalmvers: „Alle meine Glieder sprechen: O Herr, wer ist wie Du! "(Ps 35).

INSIDER TIPP MEA SHEARIM ●
(U B2) (🗺 b2)

Im Stadtviertel der „Hundert Tore" fügt sich der Alltag in einen Rahmen, der an die osteuropäischen Schtetl des 18. und 19. Jhs. erinnert. Die Bewohner sind besonders gottesfürchtige und gesetzestreue Juden (Haredim), deren Mehrzahl von religiöser Lehrtätigkeit und Spenden (bzw. von Sozialhilfe) lebt. In diesem 1874 außerhalb der Altstadt erbauten Viertel zwischen Haneriim St., Mea Shearim St. und Shmuel Salant St. verläuft das Leben in den festgefügten Bahnen des rechten Glaubens. Viele der Bewohner Mea Shearims betrachten den Staat Israel als Gotteslästerung, denn einen jüdischen Staat zu schaffen

gebührt nach ihrer Ansicht nur dem Messias. Der Shabbat wird streng befolgt, deshalb herrscht zu seiner Vorbereitung am Donnerstag bis in die Nacht hinein rege Geschäftigkeit. Besucher können sich im Viertel frei bewegen. Allerdings weisen Tafeln auf das erwünschte Tragen züchtiger Kleidung und das Einhalten der Shabbatgebote hin.

MENACHIM-BEGIN-MUSEUM
(U C5) (🗺 c5)

Dieses Museum ist dem Leben des sechsten israelischen Ministerpräsidenten gewidmet und dokumentiert seinen Werdegang seit seinen Untergrundaktivitäten. Viele alte Fotografien, auch eine Rekonstruktion seines bescheidenen Tel Aviver Wohnhauses. *So–Do 9–16.30, Fr 9–12.30 Uhr | Nachon St. 6, gegenüber der Cinemateque | www.begincenter.org. il | Eintritt 15 NIS*

MUSEUM OF ISLAMIC ART (O) (🗺 O)
Ausgestellt sind wunderschöne, vor allem kunsthandwerkliche Objekte aus

der Welt des Islams; besonders beeindruckend sind die Schmuck- und die Teppichabteilung. *So, Mo, Mi 10–15, Di u. Do 10–18, Fr/Sa 10–14 Uhr | Hapalmach St. 2 | www.islamicart.co.il | Eintritt 20 NIS*

ÖLBERG ⭐ (U F3–4) (𝄞 f3–4)

Östlich gegenüber der Altstadt, getrennt durch das Kidrontal, befindet sich eine Anhöhe, an deren Hängen im ● *Garten Gethsemane* noch heute die knorrigen Olivenbäume stehen, die dem „Berg" den Namen gaben. Der Garten ist ein Ort der Ruhe. Zwischen den beeindruckenden Olivenbäumen, deren hohes Alter man am Umfang ihrer Stämme erkennt, wurden schmale Kieswege angelegt. Niedrige Gitterzäune erinnern die Spaziergänger daran, die Wege nicht zu verlassen. Damit die Ruhe gewahrt bleibt, achten Wächter darauf, dass sich nur eine begrenzte Zahl von Besuchern im Garten aufhält.

Auf dem INSIDER TIPP Fußweg vom Stephanstor hinauf zum Ölberg passiert man mehrere Kirchen, deren Namen auf biblische Ereignisse hinweisen: die *Kirche der Nationen* (auch *Basilika der Todesangst* genannt), die *Klosterkirche Dominus Flevit* (hier beweinte Jesus das Schicksal Jerusalems), die russisch-ortho-

doxe *Maria-Magdalena-Kirche* mit ihren goldenen Zwiebeltürmen, die *Himmelfahrtskirche* (1910 von Wilhelm II. erbaut, nach Renovierungsarbeiten 1990 wieder geweiht) und die *Paternosterkirche* (hier soll Jesus die Apostel das Vaterunser gelehrt haben). Auf dem Gipfel des Ölbergs steht das in die Jahre gekommene große ☼ *Hotel Seven Arches.* Hier hat man den schönsten Blick auf die Altstadt. Besonders am Morgen erstrahlt die goldene Kuppel des Felsendoms für das beliebte Postkartenfoto.

Weil der Messias nach seiner Ankunft von hier mit all den auferstandenen Toten in die ummauerte Altstadt einziehen und das Jüngste Gericht halten wird, lassen sich viele fromme Juden am Westhang des Ölbergs begraben. Auf dem ältesten Friedhof Jerusalems werden schon seit König David Tote beerdigt. Der Kalkstein machte es leicht, Gräber auszuheben. Und so erstreckt sich vom Kidrontal hinauf bis zum Hotel Seven Arches ein Steinmeer aus Gräbern: mal höhere Sarkophage, mal flache Grabplatten. Wer ein bestimmtes Grab sucht, muss sich auskennen, denn es gibt keine Wege, oft sind die Inschriften ausgeblichen und viele Grabplatten zerbrochen. Seit Jahren haben Normalsterbliche keine Chancen.

BRIEFKASTEN GOTTES

Wer an die Klagemauer nahe genug herantritt, entdeckt, dass in den Ritzen zwischen den mächtigen Quadern viele kleine Zettel *(Kvittelchen)* stecken. Sie enthalten Bitten und Wünsche direkt an den Herrn. Wer seine Post in diesen „Briefkasten" Gottes nicht persönlich einwerfen kann, weil er z. B. im Ausland lebt, schickt einen Brief, ein Fax oder

eine E-Mail an das Jerusalemer Rabbinat – ein Rabbi übernimmt dann die Aufgabe des Postboten. Der Briefkasten Gottes muss natürlich von Zeit zu Zeit auch geleert werden. Deshalb lässt das Rabbinat ca. alle zwei Wochen des Nachts alle Kvittelchen aus den Ritzen nehmen und „beerdigt" sie anonym auf dem Ölberg.

Nur Persönlichkeiten wie Israels Premier Menachem Begin finden hier ihre letzte Ruhe. In jüngster Zeit werden hier auch die Opfer von Terroranschlägen beerdigt. Gegenüber dem Ölberg liegt das Goldene Tor, durch das der Messias mit den Auferstandenen einziehen soll. Um ihn daran zu hindern, mauerten im 7. Jh. die Muslime das Tor zu und legten davor einen muslimischer Friedhof an *(der jüdische Friedhof ist von Sonnenaufgang bis Sonnenuntergang geöffnet)*.

ROCKEFELLER-MUSEUM (U E2) *(Ⅲ e2)*

Das Museum wird von der Rockefeller-Stiftung finanziert und zeigt bedeutende lokale archäologische Ausgrabungsfunde. *So–Do 10–15, Sa 10–14 Uhr | Suleiman St. 27, Ecke Jericho Rd. | Eintritt frei*

SCHUTZMAUER IN OSTJERUSALEM ●
(O) *(Ⅲ O)*

Um das 1967 besetzte und 1980 völkerrechtlichtswidrig annektierte Ostjerusalem, das inzwischen weit über seine Stadtgrenzen hinaus ins Westjordanland hinein "gewachsen" ist, gegen islamistische Selbstmörder und arabische Terroristen zu schützen, hat Israel seinen "Antiterror-Schutzwall" in Ostjerusalem massiv ausgebaut. Östlich des Ölbergs, im Dorf El Tur, gelangt man zu Fuß oder mit einem Pkw direkt an die 8 m hohe, kilometerlange Betonmauer mit Stacheldraht und Wachtürmen. Wie die palästinensischen Familien, die von ihren Verwandten jenseits der Mauer getrennt leben müssen, diese gigantische, undurchlässige Betonabriegelung beurteilen, kann man an den Graffiti-Malereien entlang der Mauer sehen. Inzwischen ist "The Wall" an dieser Stelle – wie einst Berlin – zu einer "Sehenswürdigkeit" geworden. *Vom Ölberg am Karmeliter Konvent vorbei die Dorfstraße hinunter bis zum Wendeplatz vor der Mauer*

VIA DOLOROSA
(U C–D 3–4) *(Ⅲ c–d 3–4)*

Einmal im Jahr, zu Ostern, bietet die Abfolge von engen Gassen in der Jerusalemer Altstadt, die seit ca. 1250 die Bezeichnung "Via Dolorosa" trägt, ein Schauspiel beeindruckender, andächtiger Religiosität: Tausende von Gläubigen folgen dem Leidensweg Christi entlang der 14 Stationen vom Gerichtshof (am Stephanstor) bis zum Kreuzigungsort Golgatha (Grabeskirche). Die stärksten Männer unter ihnen tragen ein Holzkreuz. Gesänge, Klagen und Gebete erfüllen das arabische und das christliche Viertel der Altstadt.

Was sich am Karfreitag besonders spektakulär abspielt, kann man jeden Freitag in kleinerem Rahmen bei der Prozession der Franziskaner miterleben. Wer ein Holzkreuz tragen möchte, kann es am Eingang der Grabeskirche ausleihen; palästinensische Jugendliche bringen es zur ersten Station, dem "Ort der Verurteilung" in der heutigen El-Omariya-Schule. *Prozession Fr 15 Uhr (im Sommer 16 Uhr)* Auch unter der Woche kann man vereinzelte Pilgergruppe mit schwerem Holzkreuz auf der Via Dolorosa treffen, die betend und singend vor jeder Station Halt machen. Jede Station trägt den Namen des entsprechenden Ereignisses auf dem Leidensweg Jesu.

Für Christen ist die Via Dolorosa die heiligste Straße auf Erden. Doch der Leidensweg Jesu ist weder historisch noch archäologisch abgesichert. Erst im 13. Jh. haben sich die christlichen Konfessionen nach zähen Verhandlungen verständigt, die heutige Streckenführung mit 14 Stationen als die authentische festzulegen, obwohl nur acht von ihnen in der Bibel erwähnt werden. Seit dem 14. Jh. liegt die *Custodia Terrae Sanctae*, die Wacht über die Heiligen Stätten, fest in den Händen der katholischen Franziskaner.

Ihre Mönche in braunen Kutten sind deshalb auch für die Prozessionen auf der Via Dolorosa verantwortlich. Auf dem Weg bleiben die Gläubigen vor jeder mit römischen Ziffern gekennzeichneten Station stehen, der begleitende Geistliche liest mit Unterstützung eines Megafon die jeweilige Stelle aus dem Evangelium vor und die Gruppe stimmt danach ein Kirchenlied an.

ESSEN & TRINKEN

INSIDER TIPP ▶ ABU SHUKRI
(U D3) *(m d3)*

Das beste unter den arabischen Lokalen der Altstadt, sehr gute Küche (der beste Humus der Stadt), freundlicher Service, schnelle Menüfolge. *Tgl. 8–17.30 Uhr | Al Wad St. 63, gegenüber der 5. Station der Via Dolorosa | Tel. 02 6 27 15 38 | €€*

Zentrum der Gedenkstätte Yad Vashem ist die Halle der Erinnerung

YAD VASHEM ★ (0) *(m 0)*

Nationale israelische Gedenkstätte, die an die Ermordung von 6 Mio. europäischer Juden durch die Nationalsozialisten während des Zweiten Weltkriegs erinnert. Ein Museum dokumentiert die Verfolgung der Juden in Europa – von ihrer Entrechtung über ihre Gettoisierung bis hin zur industriell organisierten Ermordung. *So–Mi 9–17, Do 9–20, Fr 9–14 Uhr, Sa und an jüdischen Feiertagen geschl. | Hazikkarm St. Mount Herzl | www.yadvashem.org | Eintritt frei*

ARABESQUE (U D1) *(m d1)*

Man hat die Auswahl zwischen dem Gartenrestaurant im Innenhof unter Bäumen oder dem eleganten Restaurant im Parterre gegenüber – es ist stets dieselbe hervorragende Schweizer Küche mit orientalischen Spuren. Danach sollten Sie auf einen Absacker im Winter die Kellerbar (ein ehemaliges Gefängnis) oder im Sommer die Gartenlounge aufsuchen. Sehr persönliche Atmosphäre, unbedingt reservieren. *Tgl. | America Colony Hotel | Nablus Rd. | Tel. 02 6 27 97 77 | €€€*

EL DORADO CAFÉ (U D2) *(🗺 d2)*
Palästinensisches Café auf hohem Niveau; gute Kaffees von Espresso bis Latte Macchiato, dazu leichte Gerichte, Kuchen sowie Eis. Auch frisch gerösteter Kaffee außer Haus. *Tgl. 7–22 Uhr | Salah Eddin St. 19 | Tel. 02 6 26 09 93 | www. izhiman.com | €*

INSIDER TIPP ▶ KING'S GARDEN 🌱
(U B4) *(🗺 b4)*
Edelrestaurant im King-David-Hotel mit herrlichem Blick auf die Altstadt. Leichte, delikate Mahlzeiten aus den Küchen der in Israel lebenden Volksgruppen. *Tgl. 10–23.30 Uhr | King David St. 23 | Tel. 02 6 20 88 88 | €€€*

ROOF TOP 🌱 ● (U C3) *(🗺 c3)*
Wein und Käse, aber auch kleine Gerichte, vor allem aber ein toller Blick über die Altstadt. Gesprächsinteressiertes Publikum, Dachterrasse des Notre Dame of Jerusalem-Center. *Tgl. 18–24 Uhr | Hatzanhanim St. | €€*

INSIDER TIPP ▶ THREE ARCHES 🌱
(U B4) *(🗺 b4)*
Terrassenrestaurant im Hotel gleichen Namens, internationale Küche, sehr gute Tees, freundliche Atmosphäre, noch freundlichere Bedienung. *Tgl. 7–23 Uhr | King David St. 26 | Tel. 02 5 69 26 92 | €€*

INSIDER TIPP ▶ TICHO HOUSE
(U B3) *(🗺 b3)*
Einst eines der ersten Häuser außerhalb der ummauerten Altstadt, heute ein herrliches Gartenrestaurant und Museumscafé im ehemaligen Wohnhaus der Malerin Anna Ticho. Keine Fleischgerichte, aber sehr guter Fisch und viel Vegetarisches. Auch diverse Ausstellungen. *So–Do 10–24, Fr 9–15, Sa 19–24 Uhr | Harav Kook St. 9 | Tel. 02 6 24 41 86 | www. go-out.com/ticho | €€*

EINKAUFEN

AHAVA (U B–C4) *(🗺 b–c4)* 🕐
Großräumiges Geschäft in der neuen Mamilla-Passage mit edlen Kosmetikprodukten aus natürlichen Mineralien des Toten Meers. *Alrov Mamilla Ave. | So–Do 10–18, Fr 10–16 Uhr*

BAZAR (U C–D4) *(🗺 c–d4)*
Zwischen dem Damaskustor und dem Jaffator, insbesondere im christlichen und im moslemischen Viertel der Altstadt, erstreckt sich der traditionsreichste Souk im Nahen Osten. Mit allen seinen Angeboten an Souvenirs, römischen Amphoren, Öllämpchen, Andenken an die Heilige Stadt, aber auch T-Shirts etc. hat er seine alte Atmosphäre wiedergewonnen, auch wenn ihn noch nicht so viele ausländische Besucher wie vor der Zweiten Intifada besuchen. *Tgl. 10 Uhr bis Sonnenuntergang, einzelne Geschäfte haben auch länger geöffnet, andere sind freitags geschlossen*

HUTZOT HAYOTZER (U C4) *(🗺 c4)*
Großes Künstlerzentrum mit vielen kleinen Läden, Studios und Galerien. Modernes israelisches Kunsthandwerk. *Unterhalb des Jaffators | So–Do 10–17, Fr 10–14 Uhr*

JERUSALEM MALL ● (O) *(🗺 0)*
Auch in Jerusalem gibt es inzwischen gigantische Shoppingmalls nach US-Vorbild. Unter diesen ist die Jerusalem Mall die größte und interessanteste. Israelis nennen sie Kanyon Yerushalayim oder Malcha. Die lichtdurchflutete, mehrstöckige Ladengalerie besitzt ca. 300 Läden und mehr als 30 Cafés und Restaurants, darunter auch Fast-Food-Ketten. Breites gehobenes Sortiment an Kleidung ,Schmuck, Elektro-Artikeln (mit 16 Prozent Vat–Erstattung. *Neben dem*

Teddy-Kollek-Stadion | So–Do 9.30–22, Fr 9.30–15 Uhr

MAMILLA (U B–C4) (📖 b–c4)

Durch das restaurierte historische Mamilla-Quartier führt unterhalb des französischen St.-Vincent-de-Paul-Convients die

veröffentlichte „Time-out-Israel"-Veranstaltungsmagazin geben Auskunft über aktuelle Veranstaltungen wie Vorträge, Filme, Kleinkunsttheater oder geistliche *Konzerte in der Erlöserkirche.* Die *Ben Yehuda Street* ist am Abend besonders belebt.

Damaskustor: Rund um das größte Tor der Altstadt blüht heute der Handel

als Fußgängerzone angelegte Einkaufsstraße *Alrov Mamilla Avenue* mit vielen Cafés.

AM ABEND

In der heiligen Stadt ist wenig Raum für irdische Unterhaltung. Zudem ist das abendliche Unterhaltungsangebot im israelischen Westjerusalem und im palästinensischen Ostjerusalem sehr unterschiedlich. Die Wochenendausgaben der englischsprachigen Zeitungen „Jerusalem Post" und „Ha'aretz", die freitags erscheinen, und das monatlich

INSIDER TIPP **CELLAR BAR** (U C1) (📖 c1)

Die Bar des American Colony befindet sich in einem 130 Jahre alten Keller. Der Bartender ist der bestinformierte Jerusalems, denn im American Colony steigen bevorzugt UN-Diplomaten ab. *Tgl. 20–3 Uhr | Tel. 02 6 27 97 77*

INSIDER TIPP **KHAN ZAMAN** (U D1) (📖 d1)

Auch wer in Westjerusalem wohnt, sollte den beliebten NGO-Szenetreff im Jerusalem Hotel besuchen. *Tgl. 18–24 Uhr | Nablus Rd., hinter dem Damaskustor | Bier 10 NIS, Kaffee 6 NIS, Shisha 20 NIS*

THREE ARCHES (U B4) *(ΩΩ b4)*

Wer getanzte und gesungene Folklore, Konzerte, Theatergastspiele und Lesungen (auf Englisch) auf hohem Niveau kennenlernen möchte, sollte sich die regelmäßigen Darbietungen im historischen *YMCA-Gebäude* anschauen. *Programm u. Termine unter www.jerusalem ymca.org oder in den Tageszeitungen | King David St. 26 | Eintritt in der Regel frei*

gepaart mit höchster Effizienz, in familiärem Rahmen. Neuer Pool mit türkisblauem Bisazza-Mosaik, neues Fitnesscenter, Wellnessanlage mit vielen Wohlfühl-Möglichkeiten. Ein „Leading Hotel of the World" unter Schweizer Management; internationales Publikum; beliebt bei westlichen Journalisten. *98 Zi. | Louis Vincent Street 1 | Tel. 02 6 27 97 77 | www. americancolony.com | €€€*

Hotel American Colony: Wohnen wie ein Pascha

ÜBERNACHTEN

Eine Übersicht über das Jerusalemer Hotelangebot bietet die Jerusalem Hotel Association *(www.jerusalem-hotels. org.il)*.

AMERICAN COLONY ★ ●
(U C1) *(ΩΩ c1)*

Es ist das schönste Hotel Israels in dem ehemaligen Stadtpalais eines Paschas mit einem einladenden Innenhof, einem schönen Garten, mit großen Zimmern und bestem Service. Orientalischer Luxus,

BEIT SHMUEL (U B4) *(ΩΩ b4)*

Hotel und Jugendherberge, viel Komfort nahe der Altstadt, gehobener Standard, Träger ist „Mercaz Shimshon" (Reformjudentum). *250 Betten in 40 Zi. (darunter 12 edle DZ) | Eliahu Shamau St. 6, Ecke King David St. 13 | Tel. 02 6 20 34 55 | www.bshmuel-hotel.com | €€*

JUGENDHERBERGE YITZHAK RABIN
(0) *(ΩΩ 0)*

Neue Jugendherberge mit viel Komfort. 77 Zimmer mit Bad/WC, Klimaanlage, einige mit TV. Chek-in um 15 Uhr. *Nach-*

man Avigad 1, Ecke Yehuda Burla | Tel. 02 6 78 01 01 | rabin@iyha.org.il | €

KING DAVID HOTEL (U B4) (*ⓜ b4*)

Das traditionsreichste Hotel der Stadt, das fast allen großen Staatsmännern als Bleibe diente. Hier mangelt es dem Gast an nichts. 1946 wurde der Westflügel von der jüdischen Terrororganisation Irgun gesprengt, weil er das britische Hauptquartier beherbergte. Das King David ist das renommierteste unter den" Leading Hotels of the World" in Israel. *257 Zi. | King David St. 23 | Tel. 02 6 20 88 88 | www.danhotels.com | €€€*

LUTHERAN GUESTHOUSE
(U C4) (*ⓜ c4*)

Das Gästehaus mit Jugendherberge der evangelischen Kirche mitten in der Altstadt ist nur zu Fuß erreichbar. Deutsche Leitung, schöner Innenhof, einladender Garten, aufgeschlossene Gäste. *23 Zi. | Jaffa Gate | St. Mark's Rd. | Tel. 02 6 26 68 88 | www.luth-guesthouse-jerusalem.com | €€*

INSIDER TIPP NOTRE DAME OF JERUSALEM CENTER (U C3) (*ⓜ c3*)

Eindrucksvoller Prachtbau aus dem 19. Jh. am Rand der Altstadt gegenüber dem Neuen Tor; im Besitz des Vatikans. Einst Herberge für Pilgergruppen, heute auch für andere Hotelgäste offen. Alle Zimmer mit zweckdienlicher Einrichtung; 2011 aufwendig renoviert. *140 Zi. | Hatzanhanim St. | Tel. 02 6 27 91 11 | www.notredamecenter.org | €€*

INSIDER TIPP ÖSTERREICHISCHES HOSPIZ (U D3) (*ⓜ d3*)

Zu Gast beim Erzbischof von Wien inmitten der Altstadt Jerusalems. Sehr angenehmes Haus, neu eingerichtete Zimmer, schöner Garten. *18 Zi. u. mehrere Schlafsäle | Via Dolorosa 37, gegen-*

über Station 3 | Tel. 02 6 26 58 00 | www.austrianhospice.com | €€

YMCA – THREE ARCHES (U B4) (*ⓜ b4*)

Zu dem christlich geführten Begegnungszentrum mit Schwimmbad, Bibliothek und Vorlesungsräumen gehören heute auch ein Restaurant und ein Hotel mit vielen Annehmlichkeiten. Es ist ein Haus der Geschichte: 1933 wohnte hier General Allenby. Teil des Gebäudes ist der ⚜ *YMCA-Tower,* von dem man einen herrlichen Blick über Jerusalem hat *(Turmbesuch per Fahrstuhl auch für Nicht-Hotelgäste tgl. 8–20 Uhr | 5 NIS). 66 Zi. | King David St. 26 | Tel. 02 5 69 26 92 | www.ymca3arch.co.il | €€*

LOW BUDG€T

▶ Eine kostenlose Führung mit pro-israelischer Färbung durch die Jerusalemer Altstadt organisieren Volunteers von *Sandeman's New Europe Tours.* Auf dem knapp vierstündigen Rundgang wird keine bedeutende Sehenswürdigkeit der Altstadt ausgelassen. *Treffpunkt: tgl. 11 Uhr | Jaffa Gate | Trinkgeld wird akzeptiert | www.neweuropetours.eu*

▶ Das israelische Parlament, die ● *Knesset,* ist Ort heftiger Diskussionen über die Zukunft des Landes. Der große, flache Zweckbau im Westteil der Stadt wurde von Josef Klarwein geplant und 1960–66 erbaut; bezahlt hat ihn die Familie Rothschild. Der Besuch, einschließlich Führung in deutscher Sprache, ist kostenlos. Reisepass vorlegen. *So, Do 8.30–14.30 Uhr | www.knesset.gov.il*

CHRISTIAN INFORMATION CENTRE
(U C4) (🗺 c4)

Informationen über alle christlichen Institutionen, über Pilgerstätten und christliche Gästehäuser. *Jaffa Gate | Tel. 02 6272692 | Mo–Fr 8.30–17.30, Sa 8.30–12.30 Uhr | www.cicts.org*

TOURIST INFORMATION CENTER
(U C4) (🗺 c4)

Jaffa Gate | Tel. 02 6280382 | So–Do 8.30–12.45 Uhr | www.jerusalem.muni. il. Informatives Material einschließlich Stadtplänen.

INSIDER TIPP UNITED NATIONS
(U C1) (🗺 c1)

Das „Office for the Coordination of Humanitarian Affairs – occupied Palestinian territory (OCHA-oPt)" bietet aktuelles UN-Material einschließlich Karten der besetzten palästinensischen Gebiete mit dem Verlauf der Mauer und ihren Checkpoints. *St. George 7 | Tel. 02 5829962 | www.ochaopt.org*

ZIELE IN DER UMGEBUNG

Die nachstehenden Orte liegen alle in der sogenannten Westbank (deutsch: Westjordanland), dem Gebiet westlich des Jordans, das zwischen dem Ende der britischen Mandatszeit und dem Sechs-Tage-Krieg von 1967 jordanisches Gebiet war und das die Arabische Liga 1974 auf der Konferenz von Rabat den Palästinensern für einen eigenen Staat überlassen hat. Es entspricht nahezu vollständig dem Gebiet, das der UN-Teilungsplan von 1947 für die arabische Bevölkerung des britischen Mandatsgebiets vorsah. Seit 1967 hat Israel alle Grenzen zur besetzten Westbank aufgehoben und die Grenze zu Jordanien nach Osten an den Jordan verlegt. Deshalb können ausländische Besucher von Jerusalem

MIT DER STRASSENBAHN DURCH JERUSALEM

Jerusalem besitzt seit 2011 ein benutzer- und umweltfreundliches öffentliches Transportsystem, die Jerusalem Light Rail. Mehr als 10 Jahre hat der Bau dieser schnittigen modernen Straßenbahn gedauert. Die Linie überquert die neue spektakuläre Chords Bridge, die der spanische Brückenbauarchitekt Santiago Calatrava ausschließlich für den Light Rail entworfen hat und führt auf 14 km Länge 45 Minuten quer durch Jerusalem vom Mount Herzl im Westen, entlang der Jaffa Street, vorbei an der im annektierten Ostjerusalem liegenden Altstadt bis hoch in den Norden in die jüdische Siedlung Pisgat Zeev. Diese Siedlung liegt in dem Jerusalemer Teil des besetzten Westjordanlandes. Deshalb gibt es seit längerer Zeit bereits Ärger, da die Arabische Liga Israel unterstellt, mit der Bahn seine Ansprüche auf ganz Jerusalem zu unterstreichen. Am Tag der Eröffnung entzog Saudi Arabien deshalb dem französischen Bahnhersteller ein Milliardenprojekt zwischen Mekka und Medina. Noch ist es vor Ort friedlich und die Jerusalemer Stadtverwaltung beugt vor: Damit es nicht zu Auseinandersetzungen zwischen jüdisch-orthodoxen und arabischen Fahrgästen in der Straßenbahn kommt, fährt immer Security- Personal mit *(So–Do 5.30–23.30 Uhr, alle 10 Min | www. citypass.co.il | Fahrpreis: 4 NIS)*.

aus alle bedeutenden Orte diesseits des Jordans erreichen. Die seit 1949 völkerrechtlich anerkannte Grenze Israels wird heute „grüne Grenze" genannt. Entlang dieser Grenze, aber auch weit hinein in die palästinensische Westbank errichtet Israel seit Längerem eine bis zu 8 m hohe Betonmauer mit Wachtürmen, die man nur an wenigen Checkpoints nach zeitraubenden Kontrollen passieren kann *(siehe S. 76).*

Die Westbank ist das Kernland der Palästinenser. Für diese palästinensischen Gebiete benutzt Israel in offiziellen Verlautbarungen und in Landkarten bewusst die alten biblischen Namen: *Samaria* für die nördlich und *Judäa* für die südlich von Jerusalem liegenden Gebiete. Innerhalb der Westbank gibt es sogenannte A-Zonen. Das sind „Inseln", die die Palästinenser selbst verwalten, deren Zugänge aber komplett von Israel kontrolliert werden. Die nachstehenden Städte Bethlehem, Hebron, Jericho und Ramallah gehören zu diesen A-Zonen. Israelische Taxis fahren grundsätzlich nicht in A-Zonen, d.h. auch nicht nach Bethlehem hinein. Deshalb ist es empfehlenswert, den Besuch mit einem Ostjerusalemer Taxi oder mit einem Reiseveranstalter durchzuführen.

Alltag in Bethlehems Altstadt

BETHLEHEM (129 D2) ( E7)

Nur 11 km südlich von Jerusalem, in einer reizvollen, hügeligen Landschaft, liegt Bethlehem (Bayt Lahm) – jener Ort, in dem König David und Jesus Christus geboren wurden; er wird überwiegend von palästinensischen Christen bewohnt und von Palästinensern verwaltet.

Das touristische Zentrum der Stadt ist die *Geburtskirche* am Krippenplatz *(Manger Square),* die von Kaiser Konstantin erbaut wurde. Am Ortseingang der Stadt liegt *Rachels Grab;* sie war Jakobs Frau. Von wundergläubigen Christen wird die

Milchgrotten-Kirche gern besucht. Sie steht an dem Ort, an dem Maria beim Stillen einen Tropfen Milch verloren haben soll, woraufhin die Felsen sich zu strahlendem Weiß verfärbten. Jährlicher Höhepunkt in Bethlehem sind die *Weihnachtsfeierlichkeiten* mit einer Prozession und der Mitternachtsmesse in der Geburtskirche.

HEBRON (129 D3) ( D7)

Hebron (Al-Halil) ist eine der ältesten ununterbrochen bewohnten Städte der Welt; es liegt 35 km südlich von Jerusalem. Mitten im von Israel besetzten Judäa-Gebirge und umgeben von schönen alten Weinbergen leben hier heute 150 000 Araber. In der *Höhle von Machpela,* mitten in Hebron, liegt die *Grabstätte Abrahams.* Juden und Moslems verehren diese Stelle gleichermaßen. In ihrer Nähe haben sich jüdische Siedler unter Führung des US-amerikanischen Moshe Levinger 1979 in drei Häusern einquartiert; bis heute werden sie hinter einem hohen Zaun von israelischem Militär geschützt. Dieser Teil der Stadt wird nicht von Palästinensern verwaltet. In Hebron erlebt man anschaulich und unmittelbar die Fronten des jüdisch-palästinensischen Konflikts.

Oberhalb Hebrons entstand 1970 der jüdische Ort *Kiryat Arba,* in dem heute 1000 religiös fanatische Familien leben. 1994 erschoss Baruch Goldstein aus Kiryat Arba 35 betende Palästinenser in der Machpela-Moschee.

JERICHO ⭐ (129 E2) (*Ⰿ E6*)

Wer kennt sie nicht, die Geschichte jener biblischen Trompeten, deren mächtige Klangfülle die Befestigungsmauern von Jericho etwa 1300 v. Chr. zum Einstürzen brachte. Jericho (Yeriho, 20 000 Ew.), 30 km nordöstlich von Jerusalem, war von 1994 bis 1999 die „Hauptstadt" des entstehenden Palästinenserstaates.

Reichlich vorhandene Süßwasserquellen sorgen für einen außerordentlich ertragreichen Anbau auf den die Stadt umgebenden Bananen-, Dattel- und Orangenfeldern. Schattige Straßen und arabische Cafés laden zur erholsamen Einkehr ein. 3 km nördlich der Stadt kann man die Ruinen des *Hisham Palace* und des biblischen Jerichos *(Tell es-Sultan)* besichtigen *(tgl. 8–17 Uhr | Eintritt 10 NIS).* Ausgrabungen belegen, dass Jericho in seiner zehntausendjährigen Geschichte zwanzigmal zerstört und wieder aufge-

baut worden ist. Vom Tell es-Sultan fährt eine **INSIDER TIPP** Seilbahn *(Tellepheriqe)* hinauf zum Berg der Versuchung *(Mount of Temptation)* mit seinen Höhlen, in denen Jesus 40 Tage und Nächte fastete und betete. Das aus diesem Anlass hier gegründete Kloster klebt wie ein Schwalbennest an den Hängen des senkrecht abfallenden Bergs. Auf der Bergstation befindet sich eine Terrasse mit Restaurant; herrlicher Blick über Jericho *(Fahrt tgl. 9–16 Uhr | 40 NIS).*

INSIDER TIPP RAMALLAH
(129 D1) (*Ⰿ E6*)

Nur einen Katzensprung (13 km) von Jerusalem entfernt liegt 870 m über dem Meeresspiegel der Luftkurort Ramallah (Ram Allah, 60 000 Ew.). Die Stadt („Anhöhe Gottes") war einst beliebtes Urlaubsziel reicher Jordanier. Seit 1995 untersteht sie palästinensischer Selbstverwaltung und ist seit 1999 Verwaltungshauptstadt des zukünftigen Palästinenserstaates. Hier befindet sich auch der Amtssitz des palästinensischen Präsidenten. Auf dem Gelände des Amtssitzes, *Muccada* genannt, wurde Yassir Arafat im November 2004 beigesetzt. Wer von Jerusalem anreist, muss im Süden Ramallahs den Checkpoint Qalandia mit aufwendigen Kontrollen passieren. Hier bilden sich besonders bei der „Ausreise" nach Jerusalem lange Schlangen wegen der zeitraubenden Durchsuchung jedes Autos. Busreisende müssen die Grenze zu Fuß überqueren.

Ramallah boomt. Es gibt viele neue Gebäude und Wohnhäuser, eine Kulturszene, Cafés, Hotels und Ausgehmöglichkeiten, auf den Straßen existiert öffentliches Leben. Man sieht den wirtschaftlichen Aufschwung vor allem dank internationaler Geberländer. Deshalb ist Ramallah derzeit für Palästinenser der attraktivste Ort der Westbank. Doch man hört auch vor Ort, Ramallah sei in Wirklichkeit ein „5-Sterne-Gefängnis", weil alle Zugänge, alle Geld- und Warenströme, Wasser, Strom und alle Logistik von Israel abhängen und seinen Restriktionen unterworfen sind. In Ramallah befinden

durch eine wilde, zerklüftete Felsschlucht wandern. An manchen Stellen beeindrucken noch heute die Reste eines herodianischen *Aquäduktes*.

Nach ca. drei Stunden erreicht man das im 5. Jh. gegründete **INSIDER TIPP** *St.-*

Das St.-Georgs-Kloster versorgt sich mit Wasser aus dem grünen Wadi Qelt

sich auch die diplomatische Vertretung Deutschlands für die palästinensischen Autonomiegebiete *(Al Hurriyeh St., siehe S. 116)*, ein *Goethe-Institut (Al Salam St. | Tel. 02 2 98 19 22)* und viele NGOs aus Europa, darunter auch Büros deutscher politischer Stiftungen.

WADI QELT UND ST.-GEORGS-KLOSTER
(129 D2) (*∅ E6*)
Auf halbem Weg von Jerusalem nach Jericho kann man sich an der Hauptstraße (Parkplatz ist ausgeschildert) am Eingang zum Wadi Qelt absetzen lassen und auf einem gut ausgeschilderten Pfad

Georgs-Kloster, das heute von griechisch-orthodoxen Mönchen unterhalten wird. Es ist wie eine Ansammlung von Schwalbennestern in eine steil abfallende Felswand gebaut – ein ausgesprochen eindrucksvolles Bild klösterlicher Abgeschiedenheit. Das Kloster wurde 614 von persischen Truppen zerstört und in seiner heutigen Form im 19. Jh. wieder aufgebaut. Die Schädel der von den Persern ermordeten Mönche sind in der Kapelle in einem gläsernen Sarkophag aufgebahrt. Vom Kloster führt ein Weg nach Jericho. *So–Fr 6–17 (Winter 8–15), Sa 6–12 Uhr, Do um 5 Uhr Morgenandacht*

DER SÜDEN

Der Süden Israels, das ist die Wüste Negev mit grandiosen Felsformationen, bizarren Canyons, großen Sanddünen – eine Landschaft voller Ursprünglichkeit. Man „erfährt" die Region am besten mit dem Bus oder dem Leihwagen, denn es gibt zwar nur wenige, doch hervorragende Straßen.

Der wilde, menschenleere Negev ist zudem besonders geeignet für Jeeptouren. Am nordöstlichen Rand der Wüstenregion liegt das Tote Meer im niedrigsten Festlandsgebiet der Erde. Zwei Stunden braucht man mit dem Auto, um von hier den südlichsten Zipfel Israels am Roten Meer zu erreichen. Hier liegt Eilat, eine Hochburg für Badeurlauber, Windsurfer und Taucher. Eilat ist nicht nur das beliebteste israelische Badeurlaubszent-

rum mit einem eigenen Flughafen und Dutzenden großer Hotels, es ist auch der Ausgangspunkt für Tagesausflüge nach Jordanien (z. B. Petra oder Wadi Rum) oder zur ägyptischen Halbinsel Sinai.

BEERSHEVA

(128 B–C4) *(ᗰ C–D8)* **Die Industrie- und Universitätsstadt, „Hauptstadt" des Negev, gehört zu den Städten Israels mit dem größten Bevölkerungszuwachs.** 1948: 2000 Ew., 2010: über 200 000 Ew., hauptsächlich russische Neueinwanderer. Einst begegnete Abraham in Beersheva (Be'er Sheva) Abimelech (1, Moses, 21, 22), der Name der Stadt, „Brunnen des Schwurs", weist darauf hin.

Bild: Wüstenlandschaft bei Eilat

Zwischen Totem und Rotem Meer – Die Wüste Negev im Süden des Landes bedeckt fast die Hälfte des israelischen Staatsgebiets

SEHENSWERTES

ABRAHAM'S WELL
Wegen dieses Brunnens, dessen heutige Anlage aus türkischer Zeit stammt, hatte sich der Patriarch vor 3700 Jahren hier niedergelassen. *So–Do 9–16, Fr 8–12 Uhr | Hebron Rd. 1 | Eintritt 10 NIS*

BEDUINENMARKT
Donnerstag ist Markttag. Der Markt ist die große Attraktion der Stadt. Beduinen und Händler bieten im Süden der Stadt auf einem großen, offenen Platz ab 6 Uhr früh alles Erdenkliche an: Kleider und Schuhe, Schafe, Früchte und jLebensmittel, Antikes und Neues; Verhandlungssprachen sind Ivrit, Arabisch und Russisch.

BEN-GURION-UNIVERSITÄT
Die Universität ist das kulturelle Zentrum der Stadt; Musik- und Theaterveranstaltungen. Führungen über den Campus sind möglich. *Ben Gurion St. | Tel. 07 6 46 11 11 | www.bgu.ac.il*

Canyons wie dieser, Krater und Wadis kennzeichnen den Negev

MUSEUM OF BEDOUIN CULTURE – JOE ALON CENTER

Das eindrucksvollste Museum beduinischer Lebensweise in Israel, 18 km nordöstlich im *Kibbuz Lahav. So–Do 9–17, Fr 9–14 Uhr | Eintritt 20 NIS*

TEL BEERSHEVA

Etwa 10 km östlich von Beersheva liegen die Ruinen des biblischen Sheva, heute ein Nationalpark. Hier, in dieser ausgegrabenen Stadt, soll Abraham gelebt haben. Vor dem neuen Aussichtsturm hat man den besten Blick auf die aufwendigen Restaurierungen der Befestigungsmauern, der Lager- und Wohnhäuser sowie der antiken Straßen. Tel Beersheva ist (zusammen mit anderen biblischen Tels) seit 2005 Unesco-Weltkulturerbe. *Tgl. 8–17 (Okt.–März 8–16) Uhr | www. parks.org.il | Eintritt 14 NIS*

ESSEN & TRINKEN

ACHUZAT SMILANSKI

Hervorragendes Essen in einem alten, renovierten Stadthaus mitten in der Altstadt. *Tgl. | Smilanski St. 23 | Tel. 08 6 65 48 54 | www.rol.co.il | €€*

ÜBERNACHTEN

BET YAZIV

Ältere Jugendherberge und Bildungszentrum in der Stadtmitte. *80 Betten in Mehrbettzimmern, 85 DZ | Haatzmaut St. 79 | Tel. 08 6 27 74 44 | €*

LEONARDO HOTEL NEGEV

Großes, 1996 als Golden Tulip erbautes, zentral gelegenes Stadthotel mit Schwimmbad und vielen Annehmlichkeiten, 2006 renoviert. *256 Zi. | Henrietta Sold St. 4 | Tel. 08 6 40 54 44 | www. leonardo-hotels.de/israel-hotels/hotel-beer-sheva | €€*

AUSKUNFT

TOURISTENINFORMATION

Hebron Rd. 1, Eingangsgebäude des Abraham-Brunnens | Tel. 08 6 23 46 13 | www. beer-sheva.muni.il

ZIELE IN DER UMGEBUNG

INSIDER TIPP ▸ **AVDAT**

(128 B6) *(Ø C–D10)*

Mitten im Negev legten die Nabatäer, deren bekanntes Zentrum die Stadt Petra im heutigen Jordanien war, im 2. Jh. v. Chr. zum Schutz ihrer Karawanenroute zur Küste die Stadt Avdat an. Sie erhielt den Namen ihres Erbauers, König Obadas (Abdat) II. Avdat wurde 106 zerstört, erlangte aber um 400 unter byzantinischer Herrschaft wieder Bedeutung. Heute ist Avdat (En'Avedat) eine *historische Stätte* mit eindrucksvollen Ruinen *(tgl. 8–17, Okt.–März nur bis 16 Uhr | Tel. 08 6 55 15 11 | Eintritt 23 NIS)*. 50 km südlich von Beersheva an der Straße nach Eilat

MAMSHIT **(128 C5)** *(Ø D9)*

Im östlichen Negev, 40 km südöstlich von Beersheva in der Nähe von Dimona, liegt eine zweite nabatäische Ruinenstadt, die den Namen Mamshit trägt; sie ist die kleinste der Nabatäer-Städte im Negev. Freigelegt und restauriert sind von dieser 2000 Jahre alten Stadt vor allem Ruinen von Wohngebäuden und die Straßen zwischen den Vierteln. Die Fußböden zweier ca. im Jahre 500 errichteten Kirchen schmücken farbige Mosaiken und griechische Inschriften. Die Ruinenstadt liegt im *Mamshit-Nationalpark (tgl. 8–17, Okt.–März nur bis 16 Uhr | 08 6 55 64 78| Eintritt 21 NIS | www. parks.org.il)* die *Mamshit Camel Ranch*. Sie bietet Übernachtungsmöglichkeiten in Beduinenzelten und Ausflüge auf Dro-

medaren oder mit dem Jeep durch den Negev *(30 Zi. | Tel. 08 9 43 68 82 | www. mamshit.co.il | €€)*.

NEGEV ★ **(128–129 B–D 4–6, 130–131 B–D 1–6)** *(Ø C–D 8–14)*

Die Wüste Negev (heb. „Süden"), eine von Gebirgen, Schluchten und Wadis durchzogene Sand- und Steinwüste (arab. An Naqb), nimmt flächenmäßig nahezu die Hälfte Israels ein. Schon vor mehr als 3000 Jahren siedelten Menschen in dieser Wüste, wie Ausgrabungen z. B. in der Nabatäerstadt *Avdat* belegen. Bis in die Neuzeit war der Negev Lebensraum nomadisierender Beduinen. Heute gibt es mehr als 50 ständig bewohnte Orte im Negev, die bedeutendsten sind Arad und Beersheva, der wohl eindrucksvollste ist *Mizpe Ramon* am Rand des Kraters *(Makhtesh)* Ramon.

Ein besonderes Erlebnis ist eine Tour mit dem Jeep in den Negev mit Übernachtungen im Freien und Abendessen am Lagerfeuer. Informationen unter *Desert Adventures Israel | www.gonegev.co.il*

★ **Negev**
Durch die Wüste mit Jeep oder Dromedar → S. 89

★ **Underwater Observatory Marine Park**
Unterwassererlebnisse in Eilat
→ S. 90

★ **Massada**
Der Kampf um die Festung am Toten Meer wurde zum Mythos
→ S. 93

★ **Totes Meer**
Schwimmen ohne Anstrengung
→ S. 95

MARCO POLO HIGHLIGHTS

EILAT

(130 C6) *(∅ D14)* **In den Süden nach Eilat (50 000 Ew.) fährt man in erster Linie des Badens wegen. Mehr als 50 Hotels in allen Preisklassen, darunter die Hälfte in unmittelbarer Strandnähe und die großen meist mit All-Inclusive-Programmen, machen Eilat zu Israels Bade- und Ferienresort Nummer eins. Aber der Ort hat auch Geschichte.**

SEHENSWERTES

DOLPHIN REEF

In dieser Anlage am Ufer des Roten Meers leben Delfine und Seelöwen in ihrer natürlichen Umgebung. Besondere Attraktion: Man kann in den Becken mit den Delfinen Tuchfühlung aufnehmen. Erfahrene Betreuer sind den Gästen dabei behilflich. *Tgl. 9–17 Uhr | Southern Beach (Buslinie 15) | Tel. 07 6 37 59 35 | www.dolphinreef.co.il | Eintritt 64 NIS*

In Eilat trifft man sich abends zum Backgammon am Meer

Hier traf König Salomon die Königin von Saba, es war römischer Stützpunkt, hier kämpften Kreuzritter und später Türken. Seit 1949 gehört Eilat zu Israel. Mitten im Zentrum liegt der alte Flughafen; die meisten der teuren Hotels stehen am Nordstrand. Der Grenzübergang nach Ägypten befindet sich im 10 km südlich gelegenen *Taba (Tel. 08 6 37 01 92),* der neue Übergang ins jordanische *Aqaba (Tel. 08 6 30 05 55)* wenige Kilometer nördlich der Stadt am Checkpoint Arava.

KING'S CITY

Unterhaltungspark am Ende der Promenade westlich der Eastern Lagune in einer exotischen Palastanlage mit Wasserfällen, Höhlen und bibelbezogenen Abenteuern. *Tgl. 10–20 Uhr | Tel. 08 6 30 44 44 | www.kingscity.co.il | 80 NIS/Tag*

UNDERWATER OBSERVATORY MARINE PARK ★ ●

Eine der großen Attraktionen Eilats liegt ca. 10 km südlich der Stadt in Richtung ägyptische Grenze. 100 m vom Ufer entfernt und 6 m unter der Wasseroberfläche treten Sie trockenen Fußes ein in die rätselhafte und bunte Welt der Meerestiere und -pflanzen. Dem Observatorium angeschlossen sind auf dem Land mehrere Becken – z. B. mit Haien oder Meeresschildkröten und Rochen – sowie ein „Oceanarium", in dem die Besucher durch Filme den Eindruck bekommen, sich in der Tiefsee zu befinden. *(Sa–Do 8.30–17, Fr 8.30–16 Uhr | www.coralworld.com | Eintritt 89 NIS)*.

Die Unterwasserwelt Eilats kann man auch wunderbar mit dem Glasbodenboot „Coral 2000" erleben. *Mo–Sa 11 u. 13 Uhr | 20-Min.-Fahrt 50 NIS | Tel. 08 6 33 35 60 | Coral Beach, 6 km südlich (Buslinie 15)*

ESSEN & TRINKEN

Eilat besitzt viele Restaurants in allen Preisklassen. Zu den teuren zählen die Restaurants der großen Hotels, preiswerter isst man in der Gegend des *Rechter Commercial Centers*.

INSIDER TIPP ▶ THE FOOD FAIR

Hier gibt es das beste und größte Buffet Eilats. *Tgl. 7–10.30 u. 19.30–23, im Winter 18.30–23 Uhr | im Dan-Eilat-Hotel an der Lagune | Tel. 08 3 66 22 22 | €€*

GREEN ONION

Café, Restaurant, Milchgeschäft. Beliebter Treff der Jugend. *Tgl. 8–24 Uhr | Bridge House | North Beach Promenade | Tel. 08 6 37 74 34 | €*

HALLELUYA

Ein Mix aus biblischen und chinesischen Gerichten, koscher zubereitet; die Küche wurde schon mehrfach ausgezeichnet. *Tgl. 12–22 Uhr | Tourist Center, im Edomit Hotel | Tel. 08 6 37 57 52 | €€*

INSIDER TIPP ▶ THE RED SEA STAR 🔆

Unterwasserrestaurant und Pub 8 m unter NN auf dem Grund des Roten Meers. Fantasievolle Anlage, in der die Betreiber zusammen mit Meeresbiologen und Nationalparkbehörde eine „Korallen-Schule" zum Schutz der Tiere angelegt haben. *Tgl. 12–24 Uhr | vor dem Meridien Hotel | Tel. 08 6 34 77 77 | www.redseastar.com | €€*

EINKAUFEN

Die größte Auswahl bietet das Einkaufszentrum *Mall Ha Yam* am North Beach zwischen Mizrayim Road und Strand *(tgl. 9.30–24 Uhr)*.

FREIZEIT & SPORT

Wassersport, besonders Schnorcheln und Tauchen, sind in Eilat angesagt. Ideal für Schnorchler: *Coral Beach Nature Reserve (tgl. 9–17 Uhr | Tel. 08 6 37 68 29 | www. parks.org.il | Eintritt 23 NIS)* 1 km vor dem Underwater Observatory in einem geschützten Küstenabschnitt. Schnorchel- und Flossenverleih: 1 Std. 10 NIS.

Eine weitere gute Anlaufstelle für Wassersportler ist der *Red Sea Sport Club* mit Tauchkursen und mehrtägigen Bootstouren *(Bridge House, North Beach | Tel. 08 6 33 36 66 | www.redseasports.co.il)*.

AM ABEND

Die Hotspots des Nachtlebens in Eilat findet man in den großen Hotels, z. B die Diskos *Platinum* im Isrotel King Salomon Hotel oder *Ha Nesiha* im Princess-Hotel *(Eintritt ab 50 NIS)*. Das *Dolphin Reef* veranstaltet dreimal in der Woche große Strandpartys *(Mo, Do, Fr | 25 NIS)*. An der Promenade neben dem Royal-Beach-Hotel bietet *The Three Monkeys* täglich ab 21 Uhr Livemusik und zwei große Tanzflächen (draußen und drinnen).

ÜBERNACHTEN

Übersicht über das Hotelangebot in Eilat: *Eilat Hotel Association | Tel. 08 6 33 80 34 | www.eilathotels.org.il*

DAN ELAT
Sehr gepflegtes, modernes Familienhotel am North Beach, großzügiger, stufenförmiger Bau. Große Poollandschaft, vielseitiges Sport- und Unterhaltungsangebot. Kindern steht ganztags im benachbarten Dan Panorama Eilat der Dannyland Children's Club offen. *378 Zi. | Tel. 08 6 36 22 22 | www.danhotels.com | €€€*

HILTON QUEEN OF SHEBA
Eine der besten Adressen in Eilat, eindrucksvolle Anlage, drei Schwimmbäder, große Zimmer, viel Komfort. *442 Zi. | Northshore | Aritib Rd. 8 | Tel. 08 6 30 66 66 | www.eilathilton.com | €€€*

JUGENDHERBERGE
Große, schöne Jugenherberge in zentraler Lage, nur 100 m bis zum Strand. *500 Betten, 13 DZ | Arava Rd. 7 | Tel. 08 6 37 00 88 | eilat@iyha.org.il | €*

INSIDER TIPP ▶ PRINCESS ✷
Edles Strandhotel von beeindruckender Architektur, eine Oase inmitten einer Felslandschaft abseits des Trubels, 8 km südlich gelegen. *355 Zi., 64 Suiten | Taba Beach (Buslinie 15) | Tel. 08 6 36 55 55 | www.eilatprincess.com | €€€*

AUSKUNFT

Das öffentliche Touristenbüro wurde geschlossen. Private Unternehmen informieren online bzw. in Broschüren, die in den Hotels kostenlos ausliegen: z. B. *Eilat Guide | www.eilathotels.org.il* oder die öffentliche Eilat-Information *www.goisrael. com*. Infos auch über: *Deutsches Generalkonsulat | Tel. 08 6 37 45 36; Schweizer Generalkonsulat | Tel. 08 6 37 27 49*

EN GEDI

(129 E3) (∅ E8) Einst biblische Oase, seit 1950 ein Kibbuz (1000 Ew.), in dessen Nähe das gleichnamige, 27 km² große Naturreservat liegt.

Bis 1967 begann nördlich von En Gedi die jordanische Westbank. Deshalb konnte man den Kibbuz nur aus dem Süden erreichen. D e Eroberung der Westbank und die neue Straße des Toten Meers bis nach Jerusalem, brachten den Aufschwung. Schnell wurde der Kibbuz für seine therapeutischen Schlammbäder und die kibbuzeigenen Schwefelquellen berühmt. Doch mit dem Rückgang des Meeresspiegels des Toten Meers ist davon wenig übrig geblieben. En Gedi besitzt einen eindrucksvollen Naturpark und fasziniert immer noch durch seine Lage an den Ufern des Toten Meers. Von Jerusalem aus erreicht man zuerst den Eingang des Naturparks und die Jugendherberge, ca. 2 km weiter südlich die Abzweigung zum Kibbuz. Der Kibbuz selbst liegt mit seinem botanischen Garten 1 km oberhalb des Toten Meers. Im Naturreservat führt ein Fußweg an einem Bach entlang zum *Davidwasserfall.* Nationalparkbesuch: *tgl. 8–17, Okt.–März nur bis 16 Uhr | Eintritt 23 NIS*

ÜBERNACHTEN

BEIT SARAH GUESTHOUSE
Jugendherberge am Eingang zum Nahal David. *51 Zi. | Tel. 02 5 94 56 80 | www. eingedi.co.il | eingedy@iyhc.org.il | €€*

EN GEDI COUNTRY HOTEL
Bungalowanlage im Kibbuz mit 85 großen Zimmern, deren Einrichtung in die Jahre gekommen ist. Der Reiz des Hotels

machen der Garten mit Pool, das Essen und die Bar aus. *Tel. 08 6 59 42 20 | www. eingedi.co.il | €€*

FIELD SCHOOL HOSTEL
Naturfreundehaus am Rand des Naturschutzgebietes, direkt hinter der Jugendherberge. Früher vom Militär genutzt, heute Basis der SPNI, der größten Naturschutzorganisation Israels. Aufwendig umgebaut. *42 Zi. | Tel. 08 6 58 42 88 | €*

AUSKUNFT

EN GEDI TOURISM
Tel. 08 6 59 42 30 | www.ein-gedi.co.il

ZIELE IN DER UMGEBUNG

EN BOQEQ (129 D5) (*M E8*)
Der Ort, 35 km südlich von En Gedi, besteht aus einer Ansammlung von Hotels,

denn hier, am südlichen Ende des Toten Meers, konzentriert sich der Kur- und Badebetrieb. In einem Dutzend großer Hotels mit ca. 7000 Betten in unmittelbarer Nähe des heilenden Wassers und in pollenfreier Luft trifft man in erster Linie Kurgäste und Sonnenfetischisten.

Luxuriös übernachten können Sie zum Beispiel im *Le Meridien Dead Sea* inmitten vegetationsloser Ursprünglichkeit direkt am Meer. Spa-Anlage, vier Restaurants. *577 Zi. | Tel. 08 6 59 12 34 | www. lemeridien.com | €€€*

MASSADA ★ ● (129 D4) (*M E8*)
13 km südlich von En Gedi erhebt sich am Ufer des Toten Meers das 450 m hohe, schwer zugängliche Felsplateau Massada (Mezada). Auf dieser ca. 600 m langen und 300 m breiten Klippe ließ Herodes zwischen 37 und 4 v. Chr. eine uneinnehmbare Festung errichten. Nach der

Inmitten von Salzkristallen oben schwimmen: Badefreuden in En Boqeq

Zerstörung Jerusalems verschanzten sich hier ca. 1000 jüdische Aufständische. Erst nach zweijähriger Belagerung gelang es den Römern im Jahr 73 unter General Flavius Silva, Massada einzunehmen; er hatte an der Westseite eine heute noch nutzbare mächtige, lange Rampe aus Felsblöcken und Erdreich anlegen lassen. Um der Sklaverei zu entgehen, beschlossen alle Belagerten nach einer flammenden Rede ihres Anführers El Azar, von eigener Hand zu sterben. So ist es von dem jüdisch-römischen Historiker Flavius Josephus überliefert worden. Massada und die Haltung dieser religiös-radikalen Nationalisten, der Zeloten, haben in Israel eine hohe symbolische Bedeutung. „Massada darf nie wieder fallen", heißt es im Fahneneid der Soldaten.

Die erst 1963 freigelegte und eindrucksvoll restaurierte Festung wurde 2001 in die Liste des Unesco-Welterbes aufgenommen. Man kann auf drei Wegen

hinaufgelangen: zu Fuß wie die Römer von Arad aus an der Westseite über die Rampe (ca. 2 Stunden); zu Fuß über den „Schlangenpfad" an der Ostseite, der an der Talstation der Seilbahn beginnt und sich in Serpentinen den Hang hinaufschlängelt (ca. 45 Min.); mit der *Seilbahn (So–Do 8–16, Fr 8–14 Uhr, alle 20 Min. | hin und zurück 72 NIS inkl. Eintritt | www. parks.org.il, www.mfa.gov.il)*.

Sound-and-Light-Shows, bei denen die Geschichte Massadas erzählt wird, finden *April–Aug. Di, Do um 21 (Sept., Okt. Di, Do um 19) Uhr* statt | *Eintritt 45 NIS* (Zugang nur über die Straße aus Arad). Unterkunft in der **INSIDER TIPP** *Jugendherberge Massada* südlich des Plateaus *(88 Zi., darunter 15 EZ u. 14 DZ | Tel. 08 5 94 56 22 | massada@iyha.org.il | €)*.

QUMRAN (129 E2) (*m E7*)

Am nördlichen Westufer des Toten Meers, 31 km nördlich von En Gedi, liegt der Ort, der seit 1947 in aller Munde ist, weil hier durch Zufall der palästinensische Hirtenjunge Muhammed Adh-Dhib vom Beduinenstamm der Ta'amirah in einer Höhle Krüge mit den ältesten Bibelschriftrollen entdeckte. Die sieben Rollen (u. a. Jesaja-Texte) aus dem 1. Jh. v. Chr. befinden sich heute in Jerusalem, im *Shrine of the Book* des Israel-Museums.

In Qumran lebten um die Zeitwende Mitglieder der Essener-Sekte. Zu ihnen gehörte – so eine Position der Forschung – möglicherweise auch Jesus. Die Ruinen ihres von den Römern 67 n. Chr. zerstörten Klosters und die oberhalb liegenden Höhlen wurden zum Nationalpark erklärt. Am Eingang befindet sich ein Visitor Centre. In seinen klimatisierten Räumen führt ein Film in das Leben der Essener ein und dokumentiert die Geschichte der Schriftenrolle. *Sa–Do 8–17 (Okt.–März 8–16) Uhr | Tel. 02 9 93 63 30| www.parks. org.il | Eintritt 30 NIS*

TOTES MEER ★ ●
(129 E2–4) (*m E7–8*)

Eigentlich kann man es nicht so recht glauben, dass man sich auf das Wasser des *Yam Hamelah al-Bahr al-Mayyit* legen kann, ohne unterzugehen. Die zehnfache Salzmenge des normalen Meerwassers macht es möglich, lässt aber auch keinerlei Leben in diesem eindrucksvolle Salzsäule an Lots Weib. Südlich von Zohar Junction dehnen sich heute die die „Dead Sea Industries" aus, die Salz, Brom und vor allem Magnesium fördern. Überall in Ufernähe schwimmen größere und kleinere Salzschollen aus reinem Natriumchlorid. In den angrenzenden, sich westlich erstreckenden *Salzbergen von Sodom* (Sodom Mountains) hat

Qumran: In insgesamt elf solcher Höhlen fand man antike Schriftrollen

Binnensee zu. Knapp 80 km lang und 3–18 km breit, im nördlichen Teil bis zu 400 m, im südlichen dagegen keine 10 m tief, in der Mitte geteilt durch die jordanische Halbinsel Lashon – das sind die geografischen Daten des Toten Meers. Es liegt 394 m unter dem Meeresspiegel und ist damit der tiefste frei zugängliche Punkt der Erde.

Die Grenze zu Jordanien verläuft genau in der Mitte des Toten Meers. An seinem südlichen Westufer lagen einst die biblischen Städte Sodom und Gomorrha, bevor sie der Herr laut Altem Testament zerstörte. Noch heute erinnert hier eine

das Regenwasser faszinierende Höhlen ausgewaschen (z. B. die *Arubotaim-Höhle* und die *Flour-Höhle*), deren Besuch zu den unvergesslichen Wüstenabenteuern gehört. *www.deadsea.co.il*

Wegen der sauerstoffreichen, pollenfreien Luft und der bei Hautkrankheiten, Rheuma und Arthritis heilenden Wirkung des mineralreichen Wassers haben sich *En Gedi* und vor allem *En Boqeq* zu Heilbädern mit modernen Kureinrichtungen entwickelt. Auskunft über: *Deutsches Medizinisches Zentrum am Toten Meer | Robert-Bosch-Str. 14 | 82054 | Sauerlach | Tel. 08104 90 86 00 | www.dmz-klinik.de*

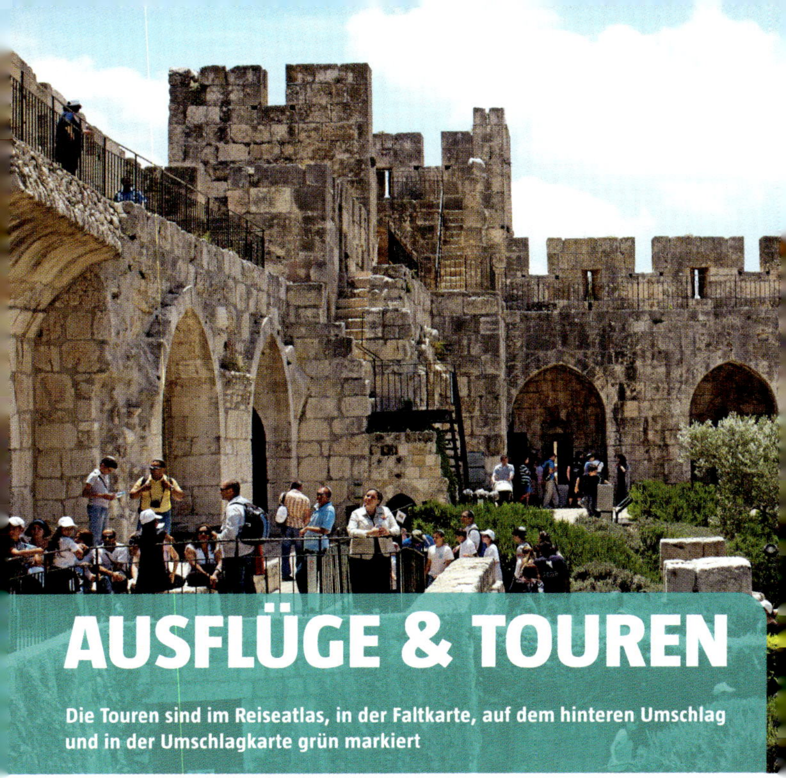

AUSFLÜGE & TOUREN

Die Touren sind im Reiseatlas, in der Faltkarte, auf dem hinteren Umschlag und in der Umschlagkarte grün markiert

1 VOM JAFFATOR ZUR KLAGEMAUER – IN DER ALTSTADT JERUSALEMS

Der Spaziergang führt durch geschichtsträchtige Teile der Altstadt von Jerusalem, in der die großen heiligen Stätten der drei Religionen liegen: Klagemauer, Felsendom und Grabeskirche. Der Weg beginnt am Jaffator, führt durch das Armenische Viertel und zu den bedeutenden Stätten außerhalb der Mauer am nahe gelegenen Berg Zion. Danach geht's ins Jüdische Viertel, am Ende erreicht man die bekanntesten Bauwerke Jerusalems: Die Klagemauer und die beiden Moscheen auf dem Tempelberg. Für den Spaziergang benötigt man einen halben Tag.

Das historische Zentrum ist seit dem 16. Jh. von einer bis zur 12 m hohen und 4 m dicken Mauer umgeben. Sultan Suleiman mit dem Beinamen „Der Prächtige" ließ sie zwischen 1535 und 1540 teilweise auf den Fundamenten byzantinischer und herodianischer Mauerstücke errichten. Sieben prächtige Stadttore führen in die Altstadt, ein achtes ist seit Jahrhunderten verschlossen.

Nach der britischen Mandatszeit gehörte die Altstadt zu Jordanien, bis sie 1967 von Israel erobert und besetzt wurde. Heute ist sie in vier Viertel unterteilt, die nach den Gemeinden – Christen, Juden, Moslems, Armenier – benannt sind, die hier in der Nähe ihrer religiösen Zentren leben. Das arabische Viertel mit Tempelberg (Haram Es Sharif), den beiden

Bild: Jerusalem, Zitadelle am Jaffator

Faszinierende Erlebnisse im Heiligen Land– Jerusalems kulturelle Vielfalt erleben und auf den Spuren der Bibel reisen

großen Moscheen und den Basarstraßen ist das ausgedehnteste. Das jüdische Viertel, westlich der Klagemauer, wurde nach 1967 restauriert und ist heute das schönste. Im christlichen Viertel mit der Grabeskirche befinden sich Klöster, Kirchen und christliche Pilgerinstitutionen. Das armenische Viertel ist das ruhigste und stillste.

Durch das **Jaffator** betreten die meisten Besucher, die in Westjerusalem wohnen, die Jerusalemer Altstadt. Es wurde im 19. Jh. verbreitert und später sehr bekannt, weil 1898 Kaiser Wilhelm II. und 1917 General Allenby durch das Tor in die Stadt ritten. Durch das Jaffator verließen früher all jene die Stadt, die zum Hafen Jerusalems, nach Jaffa, gelangen wollten.

Rechter Hand des Tors liegt eine mächtige Zitadelle, die israelischerseits mit König David in Verbindung gebracht wird und deshalb heute **Davidszitadelle** → S. 70 oder Davidsturm *(Tower of David)* genannt wird. Nach dem Verlassen der Zitadelle stehen Sie in der Straße des

Armenischen Orthodoxen Patriarchats. Sie ist die bedeutendste Straße des **Armenischen Viertels → S. 70**. Auf ihr erreichen Sie nach rechts gehend die armenische **Jakobskirche → S. 70**. Beim Betreten der Kirche ist die aramäische Inschrift an der Wand nicht zu übersehen. Sie besagt, dass Gläubige dieser Kirche schon kurz nach der Zerstörung des Tempels in Jerusalem gewesen sind. In dem mit Silber überdeckten steinernen Taufbecken soll der Überlieferung nach Maria getauft worden sein.

Das Armenische Viertel ist ein Ort der Ruhe und der Einkehr. Von der touristischen Geschäftigkeit, die das Christliche Viertel kennzeichnet, ist hier nichts zu spüren. Hinter der Jakobskirche passiert man das **Armenische Museum → S. 70** und trifft nach links einbiegend auf die Stadtmauer und das Zionstor.

Das **Zionstor** wurde während der Regentschaft Sultan Suleimans 1540 fertiggestellt – Jahr und Herrschername hat der arabische Baumeister ins Mauerwerk einmeißeln lassen. Unmittelbar südlich des Tors, d. h. außerhalb der Stadtmauer, liegen am Berg Zion mehrere für Christen und Juden bedeutende Stätten.

Wenn Sie das Zionstor durchqueren, das die Araber Davidstor *(Bab Nabi Daoud)* nennen, erreichen Sie zuerst das **Grab Davids → S. 70,** ein mit Samt bedecktes Felsengrab, dessen Authentizität vor allem von jüdischen Pilgern an den Shavout-Feiertagen nicht bezweifelt wird. Im gleichen Gebäude führen Stufen hinauf zum **Cenaculum → S. 70,**. So wird der Saal genannt, in dem gemäß christlicher (mit Ausnahme der syrisch-orthodoxen) Überlieferung Jesus mit seinen Jüngern das Letzte Abendmahl feierte.

Auf der anderen Straßenseite, erinnert eine Gedenkstätte, die **Chamber of the Holocaust → S. 70,** an die jüdischen Opfer der Nationalsozialisten. Thorarollen, die aus europäischen Synagogen gerettet wurden, eine ewige Flamme und die auf Tafeln verewigten Namen der von den Nazis vernichteten jüdischen Gemeinden symbolisieren in stiller Würde das Unbeschreibliche dieser Verbrechen. Etwas weiter östlich erinnert die an den Hang geschmiegte Kirche **St. Peter in Gallicantu → S. 70** an jenen Ort, an dem Petrus Jesus verleugnete.

Durch das Zionstor gelangen Sie zurück in die ummauerte Altstadt. Dort wenden Sie sich nach rechts, passieren den großen Parkplatz am Tiferet Israel Square, biegen links in die Hayehudim Street (die „Straße der Juden") ein und gehen hinunter zum **Cardo → S.73**. Jetzt befinden Sie sich mitten im **Jüdischen Viertel → S.73**. Der Cardo war in römisch-byzantinischer Zeit die Hauptstraße Jerusalems, die vom Damaskustor quer durch die Stadt zum Misttor führte. Geschäfte, eingebettet in die Nischen der Rundbögen der überdachten Straße, erinnern heute in unterschiedlicher Weise an die Geschichte dieses Viertels.

Interessant sind in diesem Viertel das archäologische **Wohl Herodian Quarter Museum** und das sogenannte **Burnt House (Haus des Kathros) → S. 72,** ein rekonstruiertes und restauriertes Wohnhaus aus dem 1. Jh.

Über Treppen und enge Gassen, von Hinweisschildern geführt, erreichen Sie die **Klagemauer → S. 73,** die bedeutendste und heiligste der jüdischen Stätten. Vor dem Besuch der Klagemauer empfiehlt sich die Einkehr bei Raghib Rishew im *Friends Restaurant (Tgl. 11.30–19 Uhr | Western Wall St. 98 | Tel. 02 6 27 39 01).* Neben Humus und Falafel serviert er „Oriental & Grilled Items" köstlich und preiswert. Je näher Sie an die Mauer herankommen, umso deutlicher sehen Sie die in den mörtellosen Ritzen steckenden Briefe und Zettelchen für den Allmächtigen. Nur Männer und Knaben dürfen am Nordende der Mauer das Gewölbe des Wilsonbogens betreten, an dessen Seite sich die Klagemauer fortsetzt. Frauen und Mädchen erreichen das Gewölbe und diesen Teil der Klagemauer über ei-

pami.co.il) zurücklegen. An mehreren Stadttoren gibt es Aufgänge zur ✿ Mauerkrone. So lässt sich z. B. vom Jaffator bis zum Zionstor zwischen Zinnen und Schießscharten von der Mauer herab das Treiben in den Vierteln der Altstadt

![Sinnbilder dreier Religionen: Klagemauer, Al Aksa-Moschee, Felsendom]

Sinnbilder dreier Religionen: Klagemauer, Al Aksa-Moschee, Felsendom

gene Zugänge oberhalb des Vorplatzes, müssen sich aber – durch Vorhänge den Blicken der Männer entzogen – in schmalen Nischen jenseits der breiten Gewölbegasse aufhalten. Der Wilsonbogen ist Teil einer breiten herodianischen Brücke, über die man vom Jüdischen Viertel den Tempelberg erreichte.

Zum Tempelberg hinauf führt heute für touristische Besucher rechterhand der Klagemauer eine Holzbrücke, über die man die auf dem Tempelberg errichtete **Al-Aqsa-Moschee** sowie den **Felsendom** → **S. 68** erreichen kann.

Wer diesen Spaziergang durch eine zusätzliche Attraktion bereichern möchte, kann einen Teil des Wegs auf der alten Stadtmauer mit **INSIDER TIPP** ▶ *Ramparts Walk* (So–Do 9–16, Fr 9–14 Uhr | www.

beobachten und die außerhalb der Mauer liegenden Stadtbereiche Ostjerusalems sehr gut überschauen.

② RUND UM DEN SEE GENEZARETH

Die Rundfahrt beginnt und endet in Tiberias, der größten und bekanntesten Stadt Galiläas, die sich an den Hängen des Westufers des Sees ausdehnt. Die Tour führt in großem Bogen um den biblischen See, passiert wesentliche Wirkungsstätten von Jesus und bietet Badegelegenheiten u. a. an den Ufern des Sees. Wenn Sie die Besichtigungsbesuche ausdehnen oder längere Badeaufenthalte einlegen möchten, sollten Sie auf der 70 km langen, durch-

gängig asphaltierten Strecke eine Übernachtung in einem der Kibbuzim einplanen. Wegen des steinigen Seeufers Badeschuhe nicht vergessen!

Im Englischen trägt der **See Genezareth → S. 62** den Namen „Sea of Galilee". Auch die Israelis bezeichnen ihren Yam Kinnereth scherzend als Meer, wenn sie von dem größten Binnensee ihres Landes sprechen. Seine Lage in der Jordansenke am Fuß der Golan-Höhen ist seit Jahrtausenden von anhaltender Faszination. Der See selbst ist dabei die Hauptsache, die Orte an seinen Ufern sind nur durch ihn bedeutend. Wo immer man vom Ufer aus den Blick schweifen lässt, von allen Seiten wirkt der See anders.

Sie verlassen die historisch bedeutende Stadt **Tiberias → S. 58,** die die Israelis Teverya nennen, auf der Nationalstraße 90 in Richtung Süden und erreichen nach 8 km **Hamat Tiberias → S. 59** mit einladenden Bademöglichkeiten – und das seit römischen Zeiten. Heute befinden sich hier mehrere öffentliche Badestrände und große kinderfreundliche Wasserspielparks. Weiter südlich, dort wo der Jordan in der Südwestecke den Yam Kinnereth verlässt, können Sie in **Yardenit** die ● INSIDER TIPP Taufeinrichtungen besuchen, die der Kibbuz Kinneret „close to where Jesus was baptised", so das Eingangsschild, errichtet hat. In der biblischen Tradition Johannes' des Täufers, der Jesus im Jordan taufte, finden hier tagtäglich unter freiem Himmel christliche Einzel- oder Gruppentaufen statt. Der Kibbuz unterhält einen gigantischen Devotionalienladen, in dem man unter anderem Dornenkronen oder gesegnetes Jordanwasser als Souvenir erwirbt oder das obligatorische weiße Taufkleid leiht (10 US-$) bzw. kauft (25 US-$). Je nach Konfession kann man einen „Täufer" engagieren (60 US-$) und ein Video seiner Taufe anfertigen lassen (50 US-$) *(tgl. 8–17 Uhr, letzte Taufe 15 Uhr | Yardenit Baptismal Site | Tel. 04 68 09 1 00 | www.yardenit.com).*

Direkt hinter Yardenit liegt der 1910 gegründete **Kibbuz Deganya,** der als der älteste Israels gilt und über eine heraus-

Kein Spektakel, sondern religiöser Ernst: die Taufe im Jordan bei Yardenit

ragende naturwissenschaftliche Bibliothek verfügt. An der südlichsten Stelle des Sees Genezareth biegt die Nationalstraße 90 in Richtung Jericho und Totes Meer nach Süden ab. Ab hier (Zemah Junction) folgen Sie der Nationalstraße 92, die von nun an am östlichen Ufer des Sees entlangführt. 8 km hinter dieser Abzweigung trennt sich die Nationalstraße 98 ab. Sie führt in Richtung jordanische Grenze nach **Hamat Gader,** einem am Yarmuk-Fluss liegenden Erholungszentrum, und steigt dann hinauf auf die syrischen Golan-Höhen.

Am Ostufer des Sees entlang geht es auf der Nationalstraße 92 durch üppige Bananen- und Gemüseplantagen, die zu den aus strategischen Überlegungen hier errichteten Kibbuzim gehören. Zu den bekanntesten der Region zählt der direkt am See Genezareth gelegene Kibbuz von **En Gev → S. 61** mit seinen Bade-, Freizeit- und Übernachtungsmöglichkeiten. Vorbei am Nationalpark Kursi am nordöstlichen Ufer des Sees, in dessen Bereich Jesus zwei vom Teufel besessene Schweinehirten heilte (Matth. 8, 28–34), erreichen Sie das an der Nordseite des Sees gelegene Kapernaum *(Kefar Nahum).* Zuvor sind Sie von der Nationalstraße 92 an der Yehudiya Junction auf die vom Golan herunterkommende Nationalstraße 87 eingebogen und haben den Jordan, der hier in den See Genezareth eintritt, auf der Arik-Brücke überquert.

Kapernaum → S. 62 gehört zu den bedeutenden Wirkungsstätten Jesu: Hier heilte er Aussätzige und Besessene (Matth. 8, 1–4 u. 16 f.), ließ den Knecht eines Hauptmanns genesen (Matth. 8, 5–13), besuchte das Haus des Petrus (Matth. 8, 14–17), warb die ersten Jünger an (Matth. 8, 18–22) und beruhigte bei der Überfahrt einen gewaltigen Sturm (Matth. 8, 23–27). Einzelne Bauwerke

Kapernaums nehmen Bezug auf diese Wunder. Unmittelbar westlich von Kapernaum wird direkt am See an einem großen, flachen Felstableau, **Mensa Christi** genannt, jener dritten Erscheinung Jesu nach seinem Tod gedacht, bei der er mit den Jüngern speiste und Petrus zum Nachfolger bestimmte (Joh. 21, 1–25). Nur 500 m weiter westlich liegt an der Nationalstraße 87 inmitten üppigen Grüns der Ort **Tabgha → S. 63,** in dem die Speisung der 5000 stattfand (Matth. 14, 17–21). Und wenige Kilometer nördlich von hier erhebt sich der **Berg der Seligpreisung → S. 60,** auf dem Jesus die Bergpredigt (Matth. 5, 1–7, 29) hielt. „Mount Beatitudes", so die Ausschilderung, erreichen Sie am besten über die Nationalstraße 90 (an der Kapernaum Intersection biegt die Nationalstraße 87 in die Nationalstraße 90 ein, von hier aus sind es noch 2,5 km nach Norden, dann der Ausschilderung rechter Hand folgen). Vom Berg der Seligpreisung hat man den schönsten Blick über den See.

Wenn Sie der Nationalstraße 98 am Westufer des Sees Richtung Süden folgen, erreichen Sie nach wenigen Kilometern den Kibbuz **Ginossar → S. 62** mit seinem Gästehaus *(68 Zi. | Tel. 04 6 79 21 61 | €€).* 1986 wurde am Seeufer ein 2000 Jahre altes, 8 m langes Holzboot freigelegt. Das antike, aufwendig konservierte Boot befindet sich heute in Yagal Alon Center des Kibbuz. In Anlehnung an diesen Fund aus der Zeit Jesu nennen sich viele Touristenboote auf dem See Genezareth „Jesus' Boat".

Von Ginossar führt die Nationalstraße 90 direkt ins 10 km südlich gelegene Tiberias zurück. Falls Sie auf dieser Strecke noch einen Abstecher zum Geburtsort Maria Magdalenas einlegen möchten, biegen Sie nach 5 km nach **Migdal** in Richtung See ab.

SPORT & AKTIVITÄTEN

Das Mittelmeerklima erlaubt eine ganzjährige Saison fast aller Sportarten, und im Land selbst wird Sport ganz groß geschrieben. Jeder Besucher kann hier seine Lieblingssportart ausüben – sogar Skifahren ist in Israel möglich, allerdings nur von Dezember bis Februar. Alle großen Hotels unterhalten eigene Tennisplätze und meist ein Sportcenter fürs persönliche Fitnessprogramm. Aber man ist nicht auf die Hotelangebote angewiesen: In den Tageszeitungen werben „Health Clubs" für ihr breites Angebot an Sport- und Trainingsmöglichkeiten mit den neuesten Fitnessgeräten. Fahrräder kann man sowieso in jeder Stadt mieten. Israel bietet besonders für Wassersportler wie Schwimmer, Segler, Surfer und Taucher beste Voraussetzungen. Für diejenigen, die lieber zuschauen, wird auch Hervorragendes geboten. Basketball ist sehr beliebt, Maccabi Tel Aviv war zweimal Europameister. Informationen in den Tageszeitungen oder bei *The Israel Basketball Federation | Yehudit St. 36 | Tel Aviv | Tel. 03 5 62 22 92 | www.ibba.one. co.il*. Oder: Der Fußball-Club Maccabi Haifa, der schon zwölf Mal israelischer Meister war, spielt regelmäßig im Europa-Cup und wurde eine Zeit lang von dem Deutschen Lothar Matthäus trainiert. *www.maccabi-haifa.fc.walla.co.il* Eine Vorschau auf Sportmöglichkeiten und Sportereignisse erscheint monatlich in der „Jerusalem Post", herausgegeben von der *Israeli National Sports Association | Warburg St. 5 | Tel Aviv | Tel. 03 29 63 87.*

Ein ideales Land für viele Sportarten – Golfen im antiken Caesarea, Reiten in Galiläa, Kitesurfen in Tel Aviv und Tauchen in Eilat

GOLFEN

Israel besitzt zwei Golfplätze. Der älteste (seit 1961) und bekannteste liegt am Rand der ehemals römischen Hafenstadt Caesarea – und in der Tat, man puttet in Strandnähe unweit der Ruinen von Amphitheater und Aquädukt. Der 72er-Kurs mit 18 Löchern ist 6,2 km lang und ganzjährig geöffnet. Wegen des sandigen Bodens kann der Platz auch nach heftigen Regengüssen schnell wieder bespielt werden. *Caesarea Golf and Country Club |* *neben dem Hotel Dan Caesarea | Tel. 04 6 10 96 00 | Greenfee: So–Do 460 NIS, Fr/ Sa 520 NIS, Golf Cart 130 NIS*

Auf der 9-Loch-Anlage des *Kibbuz Gaash* golft man ganzjährig *(20 Min. nördl. von Tel Aviv an der A 2 | Tel. 09 95 15 11 | www. gaashgolfclub.co.il).*

REITEN

Wer die Ufer des Sees Genezareth mit dem Pferd erkunden möchte, sollte die Hotelranch **INSIDER TIPP** *Vered Hagalil*

(Tel. 04 6 93 57 85 | www.veredhagalil. co.il) nördlich des Sees bei Khorazim an der Straße Nr. 90 nach Rosh Pina aufsuchen.

SCHWIMMEN

Schwimmen ist ganzjährig im Golf von Eilat und im Toten Meer, von März bis Oktober an den Küsten des Mittelmeers und

Besonders geschützt: die Korallenriffe vor Eilat

im See Genezareth möglich. Ausgebildete Lebensretter sind an allen öffentlichen Stränden im Einsatz, und das Baden ist kostenlos. Am berühmtesten ist der kilometerlange öffentliche Strand von Tel Aviv. Er wird vorbildlich sauber gehalten und verfügt über beste touristische Infrastruktur (Sonnenschirme, Liegen etc.). Fast alle großen Hotels besitzen zudem einen Swimmingpool. Nicht-Hotelgäste haben in der Regel gegen Gebühr dort Zutritt. Öffentliche Schwimmbäder finden Sie u. a. in *Tel Aviv (Gordon Swimming Pool | Kikar Atarim)* und *Jerusalem (Jerusalem Swimming Pool | 13 Emek Refaim). Alle Bäder März–Okt. 8–18, Juli/ Aug. 8–22 Uhr*

SKIFAHREN

Das einzige Skigebiet Israels befindet sich an den Nordosthängen des Hermon-Gebirgs, in 1600–2100 m Höhe. Es liegt ca. 65 km von Tiberias entfernt. Vom ☙ *Hermon* hat man einen einzigartigen Blick über die Golan-Höhen und über Galiläa. Die Skisaison beginnt Mitte Dezember und endet Mitte März. In dieser Zeit liegt meist schwerer Nassschnee an den oberen Hängen, manchmal sogar bis zu 2 m. Die Lifte laufen von 8.30 bis 15.30 Uhr, die Abfahrten haben unterschiedliche Schwierigkeitsgrade, der längsten folgt man auf 2,5 km.

Zentrum des Skigebietes ist der *Moshav Neve Ativ (Ramat Ha Golan | Tel. 04 6 98 13 33)*; hier kann man sich auch telefonisch nach den Schneebedingungen in der Region erkundigen. Wer über Nacht bleiben möchte, findet eine Unterkunft im Gästehaus des nahe gelegenen *Kibbuz Manarah* oder – etwas weiter entfernt – in den Gästehäusern der *Kibbuzim Vered Ha Galil* und *Kfar Ha Nassi (28 Apts. | Tel. 04 6 91 48 70 | www. kfar-hanassi.org.il)*.

TAUCHEN

Als ideale Tauchzeiten im Mittelmeer gelten die Monate September bis Dezember und März bis Mai. Die Sichtweite beträgt bei ruhigem Wasser an einem schönen Tag durchschnittlich 10 m, der Tidenhub misst durchschnittlich 30 cm, die Wassertemperaturen liegen bei 16 Grad im Februar und bei 27 Grad im August. Auskünfte und Möglichkeiten in Tel Aviv, entlang der Küste und im antiken Hafen von Caesarea: *Scuba Dive Israel | Tel. 054 4 94 65 23 | www.scubadiveisrael. com;* Tauchfahrten zu den Gordon Caves vor der Küste: *Dive Tel Aviv | Tel. 054 6 62 70 44 | www.divetelaviv.com*

Im Unterwasserschutzgebiet von Eilat mit seinen schönen Korallen kann man an jedem Tag des Jahres schnorcheln. Tauchen ist von Land, aber auch vom Boot aus möglich. Es gibt keine gefährlichen Wellen oder Meeresströmungen, und die Gezeiten sind kaum spürbar. Die Sichtweite liegt bei 15–40 m, manchmal sogar darüber. Die Wassertemperaturen schwanken zwischen 21 Grad im Februar und 27 Grad im August. Das Revier verfügt über ausgeschilderte Unterwasserpfade. Schnorchel kann man leihen. Auskünfte und Möglichkeiten in Eilat: *Shulamit's Eilat Diving Adventures | Ha Tsaftsefa St. | Tel. 054 4 75 85 25 | www. shulamit-diving.com; U-Dive | Coral Beach | Tel. 08 6 37 60 15 | www.u-dive. org; Aqua-Sport (www.aqua-sport.com)*, die größte und älteste Tauchschule (seit 1962), unterhält Basen in Eilat und in Taba (Sinai-Halbinsel).

TENNIS

Tennis ist beliebt in Israel. Das *Israel Tennis-Center* in Ramat HaSharon im Norden Tel Avivs z. B. hat 16 Allwetter-Plätze mit Flutlicht und Übungswänden; preisgünstiger Tennis-Unterricht. *Ramat HaSharon | Kafar Hayarkon Junction | Tel. 036 45 66 66 | www.israeltenniscenter.com*

VOGELBEOBACHTUNG

Jedes Jahr im März/April und im Oktober/November wird Israel zu einer wichtigen Transitstation für Zugvögel. Die schönsten Beobachtungsorte liegen in Galiläa (z. B. im Hule-Naturpark) und am Roten Meer (z. B. um Eilat). Informationen: *International Birdwatching Center | Eilat | Tel. 07 6 37 42 79* und *International Birdwatching Center of the Jordan Valley | Kibbuz Kfar Ruppin | Tel. 04 6 48 06 12 | www.birdwatching.org.il*

WANDERN

Die 🕓 INSIDER TIPP israelischen Naturfreunde *(SPNI – Society for the Protection of Nature in Israel)* bieten ein- und mehrtägige Wanderungen in besonders schönen, entlegenen Gebieten an, so im Negev, am Toten Meer und in Galiläa. *So–Do 9–14, Fr 8–13 Uhr | Nahlat Binyamin St. 85 | Tel Aviv | Tel. 03 5 66 09 60 | www. teva.org.il*

WIND- & KITESURFEN

In allen Badeorten entlang der Mittelmeerküste und in Eilat befinden sich Surfcenter, die Ausrüstungen vom Brett bis zu den Surfschuhen verleihen und zum Teil auch Unterricht erteilen.

Die Variante des Kitesurfens hat bisher nur in Tel Aviv Einzug gehalten. Man trifft die „Kiters" an zwei Strandabschnitten, an denen man sich auch professionell unterweisen lassen kann: *Surf Point (nördl. des Dolphinariums)* und *Sea Center (Hilton Beach)*. Infos über Windverhältnisse: *www.windfinder.com/report/ tel_aviv_ben_gurion*

MIT KINDERN UNTERWEGS

In Israel ist man touristisch auf Kinder vorbereitet, denn israelische Familien besitzen in der Regel selbst mehrere Kinder und reisen gern im eigenen Land. Deshalb gibt es überall biblische Zoos, in den Schwimmbädern überdimensionierte Wasserrutschen und in den Restaurants Kinderteller. Will man an einem heißen Tag eine Ausgrabungsstätte ohne seine Kinder besuchen, übernachtet man am besten in Kibbuz-Hotels. Die Kibbuzim verfügen immer über gute Spielanlagen, besitzen stets ein Schwimmbad, und ihre Kindergärten betreuen auch die Kinder von Gästen.

Entlang der Mittelmeerküste gibt es ein halbes Dutzend Städte, deren Strände immer auch eigene Abschnitte mit Spielgeräten besitzen. Besonders vorbildlich sind Tel Aviv, Netanya und Nahariya. Unter den großen Städten ist *Tel Aviv* am besten auf Kinder eingestellt: Hier gibt es nicht nur einen langen Strand (z. B. direkt vor dem gebuchten Hotel) mit professionellen „Baywatchern", sondern für die ganz Kleinen auch an vielen Ecken sehr schöne öffentliche Spielplätze, sogar in der Szenestraße *Sheinkin Street (Ha Tiftuftia im Sheinkin Garden)*.

DIE MITTELMEERKÜSTE

CHILDREN'S MUSEUM
(128 B1) (*ɯ C–D6*)

Für alle, die Spaß an Technik haben: ein Museum für Kinder von 4 bis 12 Jahren, in dem sie alles anfassen sollen (!) und Versuche selbst durchführen können. Pädagogisches Personal unterstützt die Kinder, die in kleinen Gruppen zu den unterschiedlichen Versuchsabteilungen geführt werden. Kinder unter 9 Jahren müssen in Begleitung eines Erwachsenen kommen. *Mifratz Shlomo St. 1 | Peres Park in Holor. | Tel Aviv | So–Di, Do 9 u. 11.30, Mi 17–20, Sa u. feiertags 9.30–13 Uhr | www.childrensmuseum.org.il | Eintritt 62 NIS, Kinder 40 NIS*

KIDS AT THE MUSEUM
(126 A6) (*ɯ C6*)

Tel Avivs größtes Kunstmuseum, das *Tel Aviv Museum of Art,* bietet für Kinder eigene Führungen an und hat darüber hinaus für sie eine kleine Zirkusschule eingerichtet, in der die Kinder kleine Zirkuskunststücke lernen können. Während der Sommer-Monate veranstaltet das Museum mehrere Halbtagsprogramme für Kinder zwischen 6 und 16 Jahren. *King Saul St. 27 | Sa, Mo, Mi 10–16, Di, Do 10–*

In Israel fühlen sich auch die Kinder wohl – Nicht nur in den Kibbuzim gibt es spezielle Angebote für Familien

22, Fr 10–14 Uhr | www.tamuseum.com, www.ilmuseum.com | Eintritt 25 NIS, Kinder frei

INSIDER TIPP MINI-ISRAEL
(128 C2) (*D6*)

Was die ganze Familie interessieren wird: Zwischen Tel Aviv und Jerusalem, auf Höhe von Latrun, hat der Kibbuz Tzora auf einem Freigelände ein kleines Israel im Maßstab 1:25 erbaut. Den ganzen Staat Israel mit seinen Städten und ihren bedeutenden Bauwerken (z. B. Jerusalem mit der Klagemauer, Haifa mit dem Bahai-Tempel oder Tel Aviv mit seiner Skyline) als Gulliver im Land der Liliputaner zu erleben ist schon beeindruckend. Zudem haben Kinder die Chance, sich von den geografischen Ausmaßen und der Lage der Städte ein Bild zu machen. *Kibbuz Tzora | So–Do 17–20, Fr 10–14 Uhr | www.mini-israel.co.il | Eintritt 79 NIS, Kinder 59 NIS, Audio-Guide 10 NIS*

JERUSALEM

BLOOMFIELD SCIENCE MUSEUM
(0) (*0*)

Ein Tummelplatz für Familien und ihre jungen Einsteins, der Zugang zu vielfältigen und attraktiven Experimenten ermöglicht. *Ruppen Blvd. | Givat Ram | Hebrew University | Mo–Do 10–18, Fr 10–14, Sa 10–16 Uhr | www.mada.org.il | Eintritt 40 NIS (ab 5 Jahre)*

THE TISCH FAMILY ZOOLOGICAL GARDENS (0) (*0*)

Alle Tiere der Bibel versammeln sich in diesem „Biblical Zoo" am Rande Jerusalems. Mithilfe einer Karte durchstreift man die schöne Parkanlage mit Hügeln und Wasserfällen und lernt dabei viel über die Arche Noah und ihre Gäste. Besonders eindrucksvoll: der Tigerclub mit vielen Tigerbabys. *Manhat, nahe Malha Mall | Bus 26, 33, 99 | So–Do 9–18, Fr 9–16.30, Sa 10–18 Uhr | www. jerusalemzoo.org.il | Eintritt 47 NIS*

EVENTS, FESTE & MEHR

Der nationale wöchentliche Feiertag in Israel ist der jüdische Shabbat. Er beginnt mit dem Untergang der Sonne am Freitag und endet am Samstagabend, ebenfalls bei Sonnenuntergang. Für die Muslime ist der Freitag der wöchentliche Feiertag. Das spüren Touristen im arabischen Teil Jerusalems und in den besetzten Gebieten.

Der jüdische Kalender basiert auf dem Mondzyklus, wird aber durch Schaltmonate dem Sonnenjahr angepasst, sodass das jüdische Jahr immer im Herbst beginnt und die Feiertage immer in die gleiche Jahreszeit fallen. Im Staat Israel sind die hohen jüdischen Feiertage auch gesetzliche Feiertage. Bei den jüdischen Wochenfesten ist der erste Festtag immer auch gesetzlicher Feiertag. Alle Feiertage beginnen am Abend zuvor bei Sonnenuntergang.

JÜDISCHE FESTE

ROSH HA SHANAH

Die jüdische Zeitrechnung beginnt mit der Schöpfung der Welt im Jahre 3761 v. Chr.; deshalb begann für fromme Juden an ▶ **INSIDER TIPP** ▶ **Rosh Ha Shanah** („Kopf des Jahres") 2012 das Jahr 5773. In den Synagogen wird an Neujahr das

▶ **Shofar** (gebogenes Horn des Widders) geblasen. Zu den traditionellen Speisen des Fests gehören Honigkuchen, Weintrauben und in Honig getauchte Apfelscheiben als Hoffnung auf ein „gutes, süßes Jahr". *17.–18. Sept. 2012, 4.–5. Sept. 2013, 25.–26. Sept. 2014, 14.–15. Sept. 2015*

YOM KIPPUR

Der heiligste Feiertag der Juden, der Tag der Versöhnung, des Gebets und ein Tag der absoluten öffentlichen Ruhe. In der Zeit des Zweiten Tempels nach der Babylonischen Gefangenschaft opferte der Hohepriester einen Bock, um mit seinem Blut die Bundeslade zu benetzen. Ein zweiter Bock wurde symbolisch mit den Sünden des Volks beladen und in die Wüste gejagt. *26. Sept. 2012, 14. Sept. 2013, 4. Okt. 2014, 23. Sept. 2015*

SUKKOTH

Das Laubhütterfest ist das biblische Erntedankfest. In Erinnerung an die Wüstenwanderung der Kinder Israels wohnen fromme Juden während des Sukkoth in Hütten aus Zweigen und Palmwedeln in ihren Vorgärten oder auf ihren Balkons. *1./2. Okt. 2012, 19./20. Sept. 2013, 9./10. Okt. 2014, 28./29. Okt. 2015*

Die Feiertage dreier Religionen, vor allem aber der jüdischen, bestimmen den Festekalender – Höhepunkt ist Yom Kippur

SIMCHAT THORA

Das Ende des Laubhüttenfests ist der Tag der „Freude über die Thora", der mit Umzügen und gemeinsamen Feiern in Sälen begangen wird. *8. Okt. 2012, 27. Sept. 2013, 17. Okt. 2014, 6. Okt. 2015*

CHANUKAH

Lichterfest zur Erinnerung an die Reinigung des Tempels 167 v. Chr. durch Judas Makkabäus. *8.–16. Dez. 2012, 28. Nov.–5. Dez. 2013, 17.–24. Dez. 2014, 7.–14. Dez. 2015*

PURIM

Man gedenkt mit Umzügen, Verkleidung und viel Alkohol der Rückkehr aus der Babylonischen Gefangenschaft. *24. Feb. 2013, 16. März 2014, 5. März 2015*

PESSACH (PASSAH, PASSOVER)

Das einwöchige, freudige Familienfest zur Erinnerung an den Auszug aus Ägypten. *26. März–2. April 2013, 15.–22. April, 4.–11. April 2015 2014*

YOM HA SHOA

Holocaust-Gedenktag. *6. April 2013, 26. April 2014, 11. April 2015*

YOM HA ATZMAUT

Der Tag, an dem am 14. Mai 1948 die Unabhängigkeit des Staates Israel ausgerufen wurde. *16. April 2013, 6. Mai 2014, 23. April 2015*

SHAVOUT

Das Fest der Offenbarung Gottes, der an diesem Tag im Sinai den Kindern Israels die Zehn Gebote gab. *15./16. Mai 2013, 4./5. Juni 2014, 24./25. Mai 2015*

FESTIVAL

ISRAEL FESTIVAL ⭐

Das größte Kulturereignis im Land: Drei Wochen lang gastieren im Mai und Juni in Jerusalem und in anderen Teilen des Landes viele ausländische Theater-, Tanz- und Musikensembles. *Tel. Info-Tel.02 6 23 70 00 | www.israel-festival.org.il*

ICH WAR SCHON DA!

Drei User aus der MARCO POLO Community verraten ihre Lieblingsplätze und ihre schönsten Erlebnisse

MARKTBESUCH IN TEL AVIV

Der *Carmel Markt* ist ein echter Geheimtipp für jeden Tel Aviv Besucher: Etwa 500 m vom Strand entfernt und zu Fuß leicht erreichbar tauchte ich an der Ecke von Allenby und King George in eine faszinierende, orientalische Welt ein. An den bunten Marktständen findet sich für jeden Geschmack etwas und die Verkäufer preisen ihre Ware lautstark an. Ob frisches Obst und Gemüse, Fisch, Fleisch, Geflügel oder Milchprodukte – das Angebot ist riesig. Besonders empfehlenswert sind die frischgepressten Fruchtsäfte, die man an jeder Ecke erwerben kann sowie das süße Backwerk. *Mo–Sa 8 bis ca. 18 Uhr* **Engelshaar aus Bärnbach**

WANDERUNG IM NORDEN

Ein Ausflug im Norden führte uns vom *Berg der Seligpreisung* hinab durch schöne Wildhaferwiesen nach *Kapernaum,* zu den Ufern des bezaubernden Sees Genezareth. Da es nur bergab geht, eignet sich diese Wanderung für fast jeden. Auf dem See machten wir zum Abschluss eines gelungenen Tages eine Bootsfahrt. **ReiseResi aus Kornwestheim**

HOTEL CASA NOVA

In Bethlehem liegt das Hotel *Casa Nova* (*Manger Square | Tel. 02 274 27 89 | www. casanovapalace.com*) direkt neben der Geburtskirche (mit eigenem Eingang!). Das Personal des gepflegten Hotels ist sehr freundlich. Von meinem Zimmer aus hatte ich einen wunderbaren Blick über die Stadt. **Pesaro aus Maxhütte-Leonberg**

Haben auch Sie etwas Besonderes erlebt oder einen Lieblingsplatz gefunden, den nicht jeder kennt? Gehen Sie einfach auf www.marcopolo.de/mein-tipp

LINKS, BLOGS, APPS & MORE

LINKS

▶ www.omanoot.com „Omanoot" ist das hebräische Wort für „Kunst". Und so hat sich die junge Website, die noch im Aufbau begriffen ist, der zeitgenössischen israelischen Kunst (Literatur, Film, Musik, Bildende Kunst) verschrieben

▶ www.israelmagazin.de Das Magazin für Individualreisende, Touristen und Pilger enthält viele gute Fotos der touristischen Highlights Israels

▶ www.marcopolo.de/israel Alles auf einen Blick zu Ihrem Reiseziel: Interaktive Karten inklusive Planungsfunktion, Impressionen aus der Community, aktuelle News und Angebote

▶ en.rsf.org/israel.html Die Homepage von Reporters Without Borders informiert kritisch über die politischen Entwicklungen in Israel und der Region

▶ www.jerusalem.muni.il Offizielle Website der Stadt Jerusalem. Sehr nützlich: Unter „Getting around" erhält man eine Liste aller vom Tourismusministerium akkreditierter Tour-Guides

▶ www.972mag.com Das Magazin, das von hochrangigen Redakteuren (u. a. der Ha'aretz, der Jerusalem Post und des Calcalist) verantwortet wird, zielt auf die unabhängige Information und Analyse politischer Ereignisse und Entwicklungen

BLOGS & FOREN

▶ israelisoldiersmother.blogspot.com Die Mutter zweier israelischer Soldaten kommentiert aktuelle Ereignisse im Spiegel der Auseinandersetzung zwischen Israelis und Palästinensern. Ihre Sicht ist parteiisch und provozierend einseitig

▶ www.haaretz.com/blogs Die Tageszeitung Ha'aretz bietet täglich hochwertige Blogs (engl.) mit Hintergrundinfos

▶ fromgaza.blogspot.com Die palästinensische Ärztin, Menschen- und Frauenrechtlerin Dr. Mona El-Farra berichtet aus Gaza-Stadt (engl.)

Egal, ob Sie sich auf Ihre Reise vorbereiten oder vor Ort sind: Mit diesen Adressen finden Sie noch mehr Informationen, Videos und Netzwerke, die Ihren Urlaub bereichern. Da manche Adressen extrem lang sind, führt Sie der kürzere mp.marcopolo.de-Code direkt auf die beschriebenen Websites

▶ mp.marcopolo.de/ISR3 Israel aus der Vogelperspektive: In knapp fünf Minuten präsentiert die Seite auf einem „Rundflug" über das Land eindrucksvolle Bilder

▶ mp.marcopolo.de/ISR2 Eine Stadtführung durch das brodelnde Tel Aviv: In der Sendung des BR kommen Literaten, Filmemacher und Künstler sowie eine Überlebende des Holocaust zu Wort

VIDEOS & STREAMS

▶ mp.marcopolo.de/ISR4 Zusammenstellung von vielen (gegenwärtig ca. 200) YouTube-Videos über Israel (Israel YouTube Playlist), geordnet nach Sachgebieten wie Technik, Film, Geschichte, Religion, Musik etc.; die meisten aus pro-israelischer Sicht

▶ Israel Weather Das kostenlose App bietet aktuelle Wettervorhersagen des Israel Meteorological Service

▶ Israel Tourism Kostenlos erhalten die Nutzer umfassende Informationen zu den touristischen Highlights. Mit GPS-Daten und Stadtplänen

▶ Tzvi Ben-tzur Anhand von Briefmarken informiert Tzvi Ben-tzur in kurzen Texten über Israel sowie wichtige Persönlichkeiten. Das App ist kostenlos

APPS

▶ mp.marcopolo.de/ISR1 Empfehlenswertes, übersichtliches Forum mit jeder Menge reisepraktischer Tipps. Ganze Routen werden gemeinsam ausgearbeitet. Im Lonely Planet-Forum sind viele Einheimische unterwegs

▶ www.wayn.com Wen unterhaltsames Networking mit Globetrottern und israelischen Einheimischen interessiert, ist hier richtig. Touristisch wertvolle Informationen erhält, wer gezielt fragt, ansonsten bleiben die Tipps allgemein. Die Aktivitäten der „Wayn-Freunde" konzentrieren sich naturgemäß auf die touristischen Zentren

▶ www.facebook.com/israelreise; www.facebook.com/goisrael Seiten des Staatlichen Verkehrsbüros und des Tourismusministeriums. Infos zu touristischen Highlights sowie zu Performances und Ausstellungen

NETWORK

PRAKTISCHE HINWEISE

ANREISE

Linienmaschinen der *Lufthansa (www.lufthansa.de)* und der israelischen *El Al (www.elal.co.il)* fliegen mehrmals täglich von Frankfurt und München zum Ben-Gurion International Airport bei Lod (25 km südöstlich von Tel Aviv und 50 km westlich von Jerusalem). Eilat am Roten Meer wird aus Europa zurzeit nonstop nur von den Chartermaschinen der Tourismusveranstalter angeflogen. Weitere saisonale Flugangebote ab Deutschland mit *Israir (www.israironline.de/flug)*. Flughäfen: *www.iaa.gov.il*
Vor dem Einchecken gibt es strenge Sicherheitskontrollen, deshalb muss man ca. 3 Std. vor Abflug erscheinen. Die Flugzeit von Frankfurt/M. nach Tel Aviv beträgt 4,5 Std. Die Preise für Hin- und Rückflug beginnen bei 300 Euro. Fluginformation in Tel Aviv: *Tel. 03 88 11 11.*

AUSKUNFT

STAATLICHES ISRAELISCHES VERKEHRSBÜRO
Friedrichstr. 95 | 10117 Berlin | Tel. 030 2 03 99 70 | www.goisrael.de
Das Büro ist auch für Österreich und die Schweiz zuständig. Zur aktuellen Sicherheitslage: *Auswärtiges Amt der Bundesrepublik Deutschland | www.auswaertigesamt.de/diplo/de/laenderinformationen/israel/*

AUTO

Autofahren in Israel macht Spaß: Die Straßen sind gut ausgebaut, das Straßennetz ist sehr dicht. Es bestehen Anschnallpflicht und Tempolimits (50 km/h in Ortschaften, 80 km/h auf Landstraßen, 90 km/h auf Autobahnen). Promillegrenze 0,0. Die Straßen- und Hinweisschilder sind im Allgemeinen dreisprachig (hebräisch, arabisch, englisch). Anhalten ist an den blau-weißen Bordsteinmarkierungen erlaubt, an den rot-weißen verboten, an den gelb-roten wird sofort abgeschleppt. Benzin Super kostet 8 NIS.
Pannen- und Abschleppdienst leistet der israelische Automobilclub *MEMSI, Zentrale: Memsi House | Harakevit St. 20 | Tel Aviv | Tel. 03 5 64 11 11 | www.memsi.co.il*

BAHN

In Israel reisen die meisten per Bus oder Auto. Aber es gibt auch ein bescheide-

---

GRÜN & FAIR REISEN

Auf Reisen können auch Sie mit einfachen Mitteln viel bewirken. Behalten Sie nicht nur die CO_2-Bilanz für Hin- und Rückflug im Hinterkopf *(www.atmosfair.de)*, sondern achten und schützen Sie auch nachhaltig Natur und Kultur im Reiseland *(www.gate-tourismus.de; www.zukunftreisen.de; www.ecotrans.de)*. Gerade als Tourist ist es wichtig, auf Aspekte zu achten wie Naturschutz *(www.nabu.de; www.wwf.de)*, regionale Produkte, Fahrradfahren (statt Autofahren), Wassersparen und vieles mehr. Wenn Sie mehr über ökologischen Tourismus erfahren wollen: europaweit *www.oete.de*; weltweit *www.germanwatch.org*

nes Eisenbahnnetz. Züge fahren von Tel Aviv entlang der Küste nach Norden über Haifa nach Akko bzw. nach Süden bis Ashdod. Man kann auch von Tel Aviv hinein in den Negev bis Beersheva und Dimona oder von Tel Aviv nach Jerusalem fahren. Diese Züge verkehren zwischen neuen modernen Stationen außerhalb der Innenstädte. Dabei ist es ein Erlebnis, 800 Höhenmeter zu überwinden. *Abfahrt Tel Aviv: Al Parashut Derachim St., Abfahrt Jerusalem: Neuer Bahnhof , Yitzhak Modai, Malcha | Fahrpläne und Preise unter www.rail.co.il*

WÄHRUNGSRECHNER

€	NIS	NIS	€
1	4,89	1	0,20
3	14,67	5	1,02
5	24,46	10	2,05
10	48,89	25	5,11
25	122,23	40	8,18
40	195,57	90	18,41
70	342,26	200	40,90
90	440,05	300	61,35
150	733,49	700	143,15

BANKEN & WÄHRUNG

In Israel bezahlt man mit Schekel, amtlicher Name: „New Israeli Shequel" (NIS). Ein Schekel ist unterteilt in 100 Agorot. Der Wechselkurs zum Euro hängt von dem des US-$ zum Euro ab; Gleiches gilt für den Kurs des Schweizer Franken (Januar 2012: 1 CHF = 4,05 NIS). Geld wechseln Banken, Hotels, Postämter (günstig) oder Geldwechselstuben, z. B. am *Damaskustor* in Jerusalem (besonders günstig). Die Banken sind *Sa–Do 8.30–12.30 u. 16–17.30, Fr 8.30–12 Uhr* | geöffnet. NIS-Rücktausch ist bei der Ausreise bis zu 500 US-$ ohne Formalitäten in der Abflughalle möglich. Kreditkarten werden überall akzeptiert, mit EC-Karten (Maestro) kann man Schekel am Bankautomaten ziehen.

BED & BREAKFAST

Im ländlichen Raum gibt es ca. 8000 Gästezimmer, die dank finanzieller Förderung durch den Tourismusminister eine ausgezeichnete Alternative zu Hotels sind. Übersicht, Lage und Preise: *www.zimmeril.com*

BUSSE

Busse sind das meistbenutzte und billigste Verkehrsmittel, sowohl innerstädtisch als auch über Land (eine Fahrt von Tel Aviv zum Ben-Gurion-Flughafen kostet z. B. ca. 25 NIS). Alle wichtigen Ortschaften werden von den grünen *Egged-Bussen (Petah Tikya | Bareket St. 4 | Tel Aviv | Tel. 03 6 94 88 88 | www.egged.co.il)* angefahren. Die für Tel Aviv zuständige Kooperative heißt *Dan (Tel. 03 63 94 44 | www.dan.co.il)*. Mit wenigen Ausnahmen verkehren die Busse von 5 bis 23.30 Uhr (außer am Shabbat). Infos in allen zentralen Busbahnhöfen *(Tahanal Merkasit)*.

DIPLOMATISCHE VERTRETUNGEN

DEUTSCHE BOTSCHAFT
Daniel Frish St. 3 | Tel Aviv | Tel. 03 6 93 13-13 | www.tel-aviv.diplo.de

HONORARKONSULATE DER BUNDESREPUBLIK DEUTSCHLAND

Hanassi Ave. 98 | Haifa | Tel. 04 8 38 14 08 | haifa@hk-diplo.de
Neviot St. 5 | Eilat | Tel. 08 6 37 45 36 | eilat@hk-diplo.de

VERTRETUNG IN DEN PALÄSTINENSISCHEN GEBIETEN

Berlin St. 13 | Ramallah | Tel. 02 2 97 76 30 | www.ramallah.diplo.de | Mo–Fr 9–12 Uhr

ÖSTERREICHISCHE BOTSCHAFT

Beit Crystal | Hajilazon St. 12 | Ramat Gan | Tel. 03 6 12 09 24 | www.austrian-embassy.org.il

SCHWEIZER BOTSCHAFT

Ha Yarkon St. 228 | Tel Aviv | Tel. 03 5 46 44 55 | www.eda.admin.ch/telaviv

EINREISE

Schweizer und Österreicher brauchen kein Visum, Deutsche nur, wenn sie vor 1928 geboren wurden; alle benötigen einen mindestens noch sechs Monate gültigen Reisepass.

Wollen Sie später in arabische Länder (außer Ägypten und Jordanien) reisen, dürfen sich in Ihrem Pass keine israelischen Eintragungen befinden. Wer keinen israelischen Stempel im Pass haben möchte, muss dies dem Grenzbeamten vor Übergabe des Passes sagen. Gegebenenfalls besorgt man sich einen zweiten Pass. Ausländische Touristen können jederzeit in die palästinensisch verwalteten Gebiete reisen, Israelis wird dies von der israelischen Regierung untersagt. Touristen dürfen drei Monate im Land bleiben. Eine Aufenthaltsverlängerung erhält man in allen großen Städten bei den *District Offices of the Ministry of the Interior.*

FKK

Textilfreies Baden, selbst „oben ohne", ist in der Öffentlichkeit nicht gestattet und verpönt.

GESUNDHEIT

Die medizinische Versorgung ist hervorragend. Alle Ärzte sprechen Englisch. Rechnungen sind von Ausländern sofort bar oder per Kreditkarte zu bezahlen, deshalb ist der Abschluss einer Auslandskrankenversicherung zu empfehlen.

INTERNET

Informative Internetadressen für die Vorbereitung Ihres Urlaubs: *berlin.mfa. gov.il* (Seiten der israelischen Botschaft in Deutschland mit allgemeinen sowie politischen und wirtschaftlichen Informationen); *www.jerusalem-hotels.org. il* (Website der Jerusalemer Hotelvereinigung).

INTERNETCAFÉS & WLAN

Fast alle Hotels, christliche Hospize und Jugendherbergen bieten ihren Gästen Zugang zum Internet. Außerdem gibt es in allen Städten Internetcafés, z. B. in Tel Aviv: *Private Link (Ben Yehuda St. 78 | Tel. 03 5 29 98 89 | 1 Std. 40 NIS)*; in Eilat: *Unplugged Bar (Tourist Center | Tel. 08 6 32 62 99 | 30 Min. 20 NIS)*; in Jerusalem: *Eye Tech (Altstadt, am Neuen Tor | Tel. 02 6 26 42 61 | 1 Std. 25 NIS)*.

In Israel gibt es vereinzelt WLAN-Hotspots. Dazu gehören alle teureren Hotels (Gebühren!) und wenige Cafés in den großen Städten (kostenlos). Flächendeckend und kostenlos: die *Sheinkin Street* in Tel Aviv. Eine Übersicht über entsprechende Angebote bietet *www. hotspot-locations.com*

JUGENDHERBERGEN

In Israel gibt es zurzeit 18 Jugendherbergen, die sich in der *Israel Youth Hostel Accociation (IYHA)* zusammengeschlossen haben. Eine Übernachtung inkl. Frühstück und Bettzeug kostet 15–30 US-$, es gibt immer auch Doppelzimmer. Keine Altersbegrenzung, Aufenthalt max. 21 Tage. Ein Jugendherbergsausweis ist nicht erforderlich, verhilft aber zu einem kleinen Preisnachlass. Anmeldungen: *IYHA | Binyanei Ha'mah, International Convention Center | Jerusalem | Shazar St. 1 | Tel. 02 6 55 84 00 | www.iyha.org.il*

KIBBUZ-GÄSTEHÄUSER

In allen Teilen des Landes findet man sogenannte Kibbuzhotels, meist Bungalowanlagen in schöner Umgebung, die zu einem Kibbuz gehören; in der Ausstattung sind sie vergleichbar mit guten Mittelklassehotels *(€–€€)*. Informationen und Reservierung: *Kibbutz Hotels Chain | Smolanskin St. 1 | Tel Aviv | 61031 | P.O. Box 3193 | Tel. 03 5 24 61 61 | www. kibbutz.co.il*

KLIMA & REISEZEIT

Israel ist eine Ganzjahresdestination. Aber das Klima variiert erheblich von Region zu Region, Jerusalem liegt 800 m hoch in den Bergen mit warmen, trockenen Sommern und kalten Wintern. Manchmal fällt dort sogar Schnee. Ansonsten sind die israelischen Winter mild, sowohl an der Mittelmeerküste als auch im Negev und in Eilat. In der Jordansenke und am Toten Meer sind die Sommer heiß und trocken. Wer nicht in erster Linie wegen der schönen Strände und des Badens nach Israel zu reisen beabsichtigt und es sich einrichten kann, sollte das Land im Hochsommer meiden.

Dann wird es tagsüber bis zu 40 Grad heiß. März bis Mai sind die angenehmsten Reisemonate. Dann ist das Land grün, vieles in der Natur blüht, Baden ist schon möglich, die Tagestemperaturen erreichen 25 Grad.

MIETWAGEN

Mietwagen sind nicht sehr teuer (ab 40 US-$ pro Tag). Reservierungen aus Deutschland sind sicherer und oft noch billiger. Alle internationalen Anbieter unterhalten Niederlassungen am Ben-Gurion-Flughafen, erheben dort aber 25 US-$ zusätzlich als (einmalige) Airport-Tax. Der nationale oder internationale Führerschein (mindestens 12 Monate alt), Pass und Kreditkarte (als Kaution) sind erforderlich, der Mieter muss über 21 Jahre alt sein.

NOTRUFE

Polizei: Tel. 100; Magen David Adom (Rotes Kreuz): Tel. 101; Feuerwehr: Tel. 102

POST

Ein weißer Hirsch auf rotem Grund ist das Kennzeichen der israelischen Postämter. Geöffnet sind sie *So–Do 8–12.30 u. 15.30–18 Uhr, Fr 8–12 Uhr.* Postkarten nach Europa 3 NIS, Briefe 4,50 NIS.

STROM

220 Volt Wechselstrom. Die Steckdosen sind uneinheitlich, besser einen Zwischenstecker mitnehmen.

TAXI

Taxis sind in Israel günstiger als in Deutschland. Städtische Taxis haben Taxameter, deren Gebrauch Pflicht ist.

Schlägt der Fahrer vor, diesen auszuschalten, ist es meist nicht zu Ihrem Vorteil. Trinkgeld wird angenommen. Fahrgäste haben ein Anrecht auf eine ausgedruckte Taxi-Quittung. Überlandstrecken haben feste Tarife, die Fahrer besitzen Preislisten, die Sie einsehen können – z. B. kostet eine Fahrt von Tel Aviv zum Ben-Gurion-Flughafen 70–100 NIS.

Sherut-Taxis verkehren als zusätzliche Transportmittel innerhalb und zwischen den wichtigsten Städten. Diese Taxis fahren erst los, wenn genügend Fahrgäste Platz genommen haben. Bei Überlandstrecken fahren sie von den zentralen Busbahnhöfen ab, in Jerusalem nahe dem Zionsplatz. Eine Fahrt von Tel Aviv zum Ben-Gurion-Flughafen kostet z. B. ca. 30 NIS.

TELEFON & HANDY

Für öffentliche Fernsprecher benötigen Sie Telefonkarten. Man erhält sie bei jedem Postamt sowie in sehr vielen Geschäften; die Karten besitzen unterschiedliche Guthaben (ab 20 NIS). Durch eine Zahl, die man bei Auslandsgesprächen an Stelle der zweiten Null wählt, bestimmt man die Gesellschaft: Zurzeit telefonieren Sie nach Europa günstig mit den Vorwahlen 013 oder 014 (1 Min. ca. 5 NIS).

WETTER IN TEL AVIV

	Jan.	Feb.	März	April	Mai	Juni	Juli	Aug.	Sept.	Okt.	Nov.	Dez.
Tagestemperaturen in °C	18	19	21	23	26	28	30	31	31	28	24	20
Nachttemperaturen in °C	8	9	11	13	16	19	21	22	21	17	14	11
Sonnenschein Stunden/Tag	6	7	7	9	11	12	12	12	10	9	8	6
Niederschlag Tage/Monat	10	8	8	2	0	0	0	0	0	4	6	10
Wassertemperaturen in °C	16	16	17	18	21	24	25	27	27	24	21	18

Deutsche Handys funktionieren im ganzen Land, aber die Roaminggebühren der israelischen Telefongesellschaften sind sehr hoch. Prepaid-Karten sind zwar teuer, ersparen Ihnen aber Roaming-Gebühren. Immer günstig sind SMS. Hohe Kosten verursacht die Mailbox: noch im Heimatland abschalten! Wer möchte, kann sich jederzeit am Flughafen in Tel Aviv ein zweites mit entsprechender SIM-Karte und neuer Telefonnummer mieten. Die Schalter der verschiedenen Mobilanbieter liegen nebeneinander in der Ankunftshalle.

Ländervorwahlen: *Deutschland 0049, Österreich 0043, Schweiz 0041, Israel 00972*

TRINKGELD

In Israel ist Trinkgeld eine Selbstverständlichkeit. Nicht immer wird es in einer Restaurantrechnung aufgeführt. Wenn kein Trinkgeld im Preis eingeschlossen ist, wird es erwartet. Zwischen 10 und 15 Prozent sind angemessen.

VAT (VALUE ADDED TAX)

Im Preis aller in Israel erworbenen Waren sind 17 Prozent Mehrwertsteuer enthalten. Diese wird Touristen bei der Ausreise am Flughafen nach einer Ausfuhrbestätigung gegen Vorlage der Rechnung an einem Schalter der *Bank Leumi* erstattet, wenn der Warenwert höher als 50 US-$ ist (Gebühren: 5 US-$, ab 100 US-$ 8 US-$).

ZEIT

MEZ plus 1 Stunde. Auch in Israel gibt es eine Sommerzeit, allerdings wechselt diese nicht datumsgleich mit Europa, sondern entsprechend dem jüdischen Kalender. *www.zeitzonen.de/israel.html*

ZEITUNGEN

Von den rund zwei Dutzend israelischen Zeitungen sind die „Jerusalem Post" (konservativ) und „Ha'aretz" (linksliberal) die einzigen Tageszeitungen, die in Englisch erscheinen. Ha'aretz ist die einzige

WAS KOSTET WIE VIEL?

Snack	2 Euro
	für eine Felafel plus Salat an der Straße
Kaffee	2 Euro
	für die Tasse im Restaurant
Apfelsinen	0,50 Euro
	für 1 kg im Sommer
Bus	1 Euro
	für eine Stadtfahrt
Benzin	1,10 Euro
	für 1 l Super bleifrei
Museum	Bis 5 Euro
	für den Eintritt

regierungskritische Zeitung; ihr liegt eine Beilage der US-amerikanischen International Herald Tribune bei. Die deutschsprachigen „Israel Nachrichten" sind eine Art landsmannschaftliches Organ der aus Deutschland emigrierten Juden.

ZOLL

Nach Israel dürfen Sie mitbringen: Geschenke bis zu einem Wert von 250 Euro, 200 Zigaretten, 1 l Spirituosen, 10 Filme. Fleisch, Früchte und Waffen sind verboten. Aus Israel können Sie in die EU zollfrei einführen z. B. 200 Zigaretten, 1 l Spirituosen, 50 g Parfum und Geschenkartikel bis zu einem Gesamtwert von 430 Euro. Für die Schweiz gelten geringere Freimengen. *www.zoll.de*

SPRACHFÜHRER ENGLISCH

AUSSPRACHE

Zur Erleichterung der Aussprache sind alle englischen Wörter mit einer einfachen Aussprache (in eckigen Klammern) versehen. Folgende Zeichen sind Sonderzeichen:

θ   hartes [s] (gesprochen mit Zungenspitze an der oberen Zahnreihe, zischend)

D   weiches [s] (gesprochen mit Zungenspitze an der oberen Zahnreihe, summend)

'   nachfolgende Silbe wird betont

ə   angedeutetes [e] (wie in „Bitte")

AUF EINEN BLICK

ja/nein/vielleicht	yes [jäs]/no [nəu]/maybe [mäibi]
bitte/danke	please [plihs]/thank you [θänkju]
Entschuldigung!	Sorry! [sori]
Entschuldigen Sie!	Excuse me! [Iks'kjuhs mi]
Wie bitte?	Pardon? ['pahdn?]
Ich möchte .../Haben Sie ...?	I would like to ... [ai wudd 'laik tə]/ Have you got ...? ['Həw ju got?]
Wie viel kostet ...?	How much is ...? ['hau matsch is?]
gut/schlecht	good [gud]/bad [bäd]
kaputt/funktioniert nicht	broken ['brəukən]/doesn't work ['dasənd wörk]
Rechnung/Quittung	invoice [‚inwois]/receipt [ri'ssiht]
alles/nichts	everything ['evriθing]/nothing [naθing]
Hilfe!/Achtung!/Vorsicht!	Help! [hälp]/Attention! [ə'tänschən] Caution! ['koschən]
Krankenwagen	ambulance ['ämbjulənts]
Polizei/Feuerwehr	police [po'lihs]/fire brigade [faiə brigäid]
Verbot/verboten	ban [bän]/forbidden [fohr'biddän]
Gefahr/gefährlich	danger [deinschər]/dangerous ['deinschərəss]
Darf ich Sie/hier fotografieren?	May I take a picture of you? [mäi ai täik ə 'piktscha of ju?]/May I take pictures here? [mäi ai täik 'piktschas hihr?]
Gute(n) Morgen!/Tag!/ Abend!/Nacht!	good morning! [gud 'mohning]/afternoon! [aftə'nuhn]/evening! [‚ihwning]/night! [nait]
Hallo!/Auf Wiedersehen!	Hello! [hə'ləu]/Goodbye! [gud'bai]
Tschüss!	Bye! [bai!]

Do you speak English?

„Sprichst du Englisch?" Dieser Sprachführer hilft Ihnen, die wichtigsten Wörter und Sätze auf Englisch zu sagen

Ich heiße …	My name is … [mai näim is]
Wie heißen Sie?	What's your name? [wots jur näim?]
Wie heißt du?	What's your name? [wots jur näim?]
Ich komme aus …	I'm from … [aim from …]
heute/morgen/gestern	today [tə'däi]/tomorrow [tə'morəu]/yesterday ['jästədäi]
Stunde/Minute	hour ['auər]/minutes ['minəts]
Tag/Nacht/Woche	day [däi]/night [nait]/week [wihk]
Monat/Jahr	month [manθ]/year [jiər]
Ich habe ein Zimmer reserviert.	I have booked a room. [ai häw buckt ə ruhm]
nach vorne/zum Meer	forward [fohwəd]/to the sea [tu Də sih]
Schlüssel/Zimmerkarte	key [ki]/room card ['ruhm kahd]
Gepäck/Koffer/Tasche	luggage ['laggətsch]/ suitcase ['sjutkäis]/bag [bäg]
Wie viel Uhr ist es?	What time is it? [wət 'taim is it?]
Es ist drei Uhr.	It's three o'clock. [its θrih əklok]

HEBRÄISCH

Ja./Nein.	ken./lo.	כן./לא.
Bitte./Danke.	bewakascha./toda.	בבקשה./תודה.
Entschuldigung!	slicha!	סליהה.
Guten Tag!	schalom!	שלום !
Auf Wiedersehen!/Tschüss!	lehitraot!/lehit!	להתראוח להחי !
Mein Name ist …	schmi …	שמי …
Ich verstehe Sie/dich nicht.	eineni mewin/a otcha.	איננני מבין/נהאוחך.
Wie viel kostet es?	kama se ole?	כמהזהעולה?
Wie viel Uhr ist es?	ma hascha-a?	מההשעה?
Ich möchte …	ani mewakesch …	אני מבקש …
Das gefällt mir (nicht).	se (lo) motze chen be einei.	וה(לא) מוצאהן בעיני.
Wo finde ich …?	heichan yesch …	היכן יש …?

0	efes	אפס	20	essrim	עשרים
1	achat/echad	אחח/אחר	21	essrim we-echad	עשרים ואחר
5	chamesch/chamischa	חמש/חמישה	100	me-a	מאה
10	esser/assara	עשר/עשרה	101	me-a we-echad	מאהואחר

offen/geschlossen	open ['oupän]/closed ['klousd]
Abfahrt/Abflug/Ankunft	departure [dih'pahtschə]/departure [dih'pahtschə]/arrival [ə'raiwəl]
Toiletten/Damen/Herren	toilets ['toilət] (auch: restrooms [restruhms])/ladies ['läidihs]/gentlemen ['dschäntlmən]
(kein) Trinkwasser	(no) drinking water [(nou) 'drinkin 'wotər]
Wo ist ...?/Wo sind ...?	Where is ...? ['weə is?]/Where are ...? ['weə ahr?]
links/rechts	left [läft]/right [rait]
geradeaus/zurück	straight ahead [streit ə'hät]/back [bäk]
nah/weit	near [niə]/far [fahr]
Bus/Straßenbahn	bus [bas]/tram [träm]
U-Bahn/Taxi	underground ['andəgraunt]/taxi ['tägsi]
Haltestelle/Taxistand	stop [stap]/taxi stand ['tägsi ständ]
Fahrplan/Fahrschein	schedule ['skädjuhl]/ticket ['tikət]
ein Auto/Tankstelle	a car [ə kahr]/petrol station [pätrol stäischən]

Reservieren Sie uns bitte für heute Abend einen Tisch für vier Personen.	Could you please book a table for tonight for four? [kudd juh 'plihs buck ə 'täibəl for tunait for fohr?]
auf der Terrasse	outside [aut'said]/on the terrace [on Də 'täräs]
am Fenster	at the window [ät Də 'windəu]
Die Speisekarte, bitte.	The menue, please. [Də 'märjuh plihs]
mit/ohne Eis/Kohlesäure	with [wiD]/without ice [wiD'aut ais]/gas [gäs]
Vegetarier(in)/Allergie	vegetarian [wätschə'täriən]/allergy ['ällədschi]
Ich möchte zahlen, bitte.	May I have the bill, please? [mäi ai häw Də bill plihs?]

Bank/Geldautomat	bank [bänk]/ATM [äi ti äm] (auch: cash machine ['käschməschin])
Ich möchte ... Euro wechseln.	I'd like to change ... Euro. [aid laik tu tschäindsch]
bar/ec-Karte/Kreditkarte	cash [käsch]/ATM card [äi ti äm kahrd]/credit card [krädit kahrd]
Wechselgeld	change [tschäindsch]

Arzt/Zahnarzt/Kinderarzt	doctor ['doktər]/dentist ['däntist]/pediatrician [pidiə'trischən]
Krankenhaus	hospital ['hospitəl]
Fieber/Schmerzen	fever ['fihwər]/pain [päin]
Durchfall/Übelkeit	diarrhoea [daiə'riə]/nausea ['nohsiə]

Sonnenbrand	sunburn ['sanböhrn]
entzündet/verletzt	inflamed [in'fläimd]/injured ['indschəd]
Apotheke/Drogerie	pharmacy ['farməssi]/chemist ['kemist]
Schmerzmittel/Tablette	pain reliever [päin re'lihwər]/tablet ['täblət]

TELEKOMMUNIKATION & MEDIEN

Briefmarke/Brief	stamp [stämp]/letter ['lättər]
Postkarte	postcard ['pəustkahd]
Telefonkarte	phone card ['founkahd]
fürs Festnetz	for the fixed line network [fohr Də fikst lain 'nättwörk]
Ich suche eine Prepaid-karte für mein Handy.	I'm looking for a prepaid card for my mobile. [aim 'lucking fohr ə 'pripäid kahd for mai 'mobail]
Internetzugang	internet access ['internet 'äkzäss]
wählen/Verbindung/besetzt	dial ['daiəl]/connection [kə'nnäktschən]/busy [bisi]
Batterie/Akku	battery ['bättəri]/rechargeable battery [ri'tschahdschəbəl 'bättəri]
Internetanschluss/WLAN	internet connection ['internet kə'näktschən]/Wifi [waifai] (auch: Wireless LAN ['waərläss lan])
E-Mail/Datei/ausdrucken	email ['imäil]/file [fail]/ print [print]

FREIZEIT, SPORT & STRAND

Strand/Strandbad	beach [bihtsch]/lido ['lidəu]
Sonnenschirm/Liegestuhl	umbrella [am'bräla]/deckchair ['däcktschäər]
Ebbe/Flut/Strömung	low tide [lou taid]/flood [flad]/flow [flou]

ZAHLEN

0	zero ['sirou]	15	fifteen [fif'tihn]
1	one [wan]	16	sixteen [siks'tihn]
2	two [tuh]	17	seventeen ['säwəntihn]
3	three [θri]	18	eighteen [äi'tihn]
4	four [fohr]	19	nineteen [nain'tihn]
5	five [faiw]	70	seventy ['säwənti]
6	six [siks]	80	eighty ['äiti]
7	seven ['säwən]	90	ninety ['nainti]
8	eight [äit]	100	(one) hundred [('wan) 'handrəd]
9	nine [nain]	200	two hundred ['tuh 'handrəd]
10	ten [tän]	1000	(one) thousand [('wan) θausənd]
11	eleven [i'läwn]	2000	two thousand ['tuh θausənd]
12	twelve [twälw]	10 000	ten thousand ['tän θausənd]
13	thirteen [θör'tihn]	1/2	a/one half [ə/wan 'hahf]
14	fourteen [fohr'tihn]	1/4	a/one quarter [ə/wan 'kwohtə]

REISEATLAS

Die grüne Linie ▬▬▬ zeichnet den Verlauf der Ausflüge & Touren nach
Die blaue Linie ▬▬▬ zeichnet den Verlauf der Perfekten Route nach

Der Gesamtverlauf aller Touren ist auch in
der herausnehmbaren Faltkarte eingetragen

Bild: Caesarea Maritima

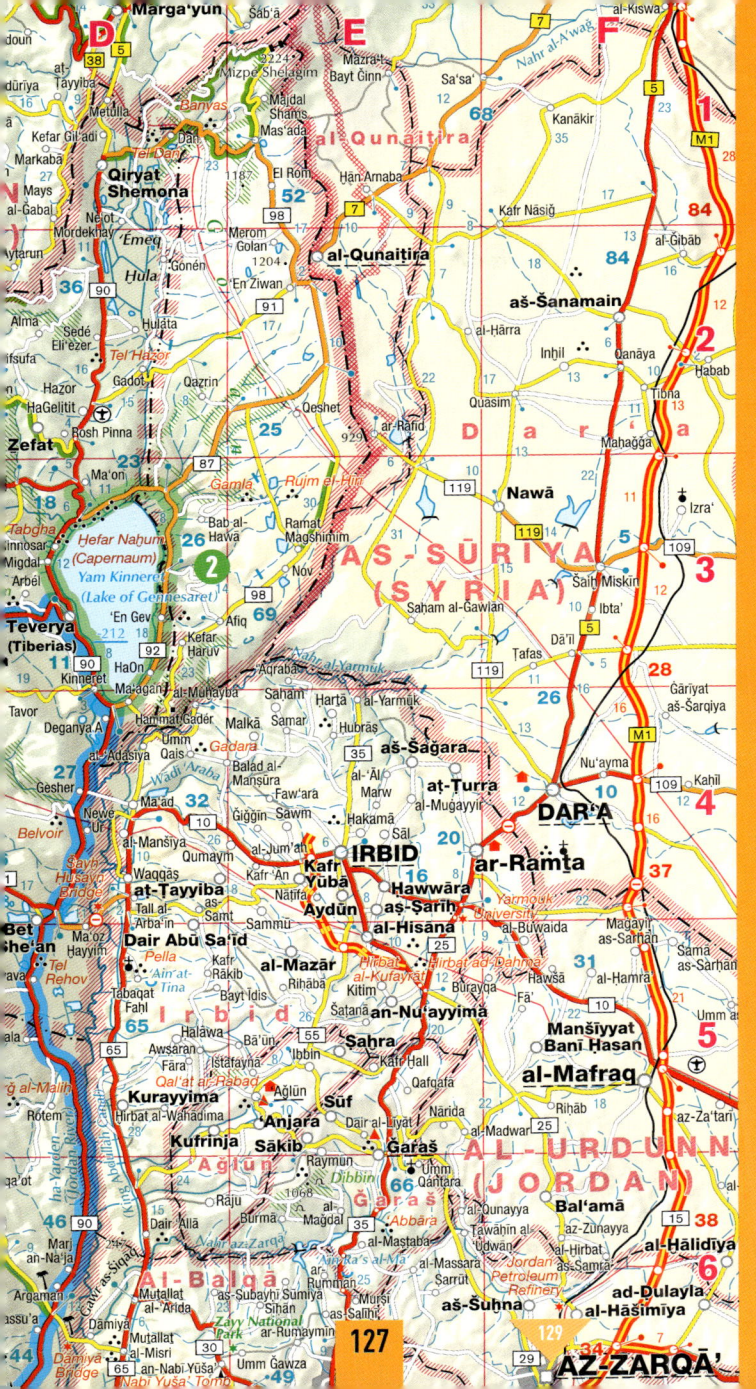

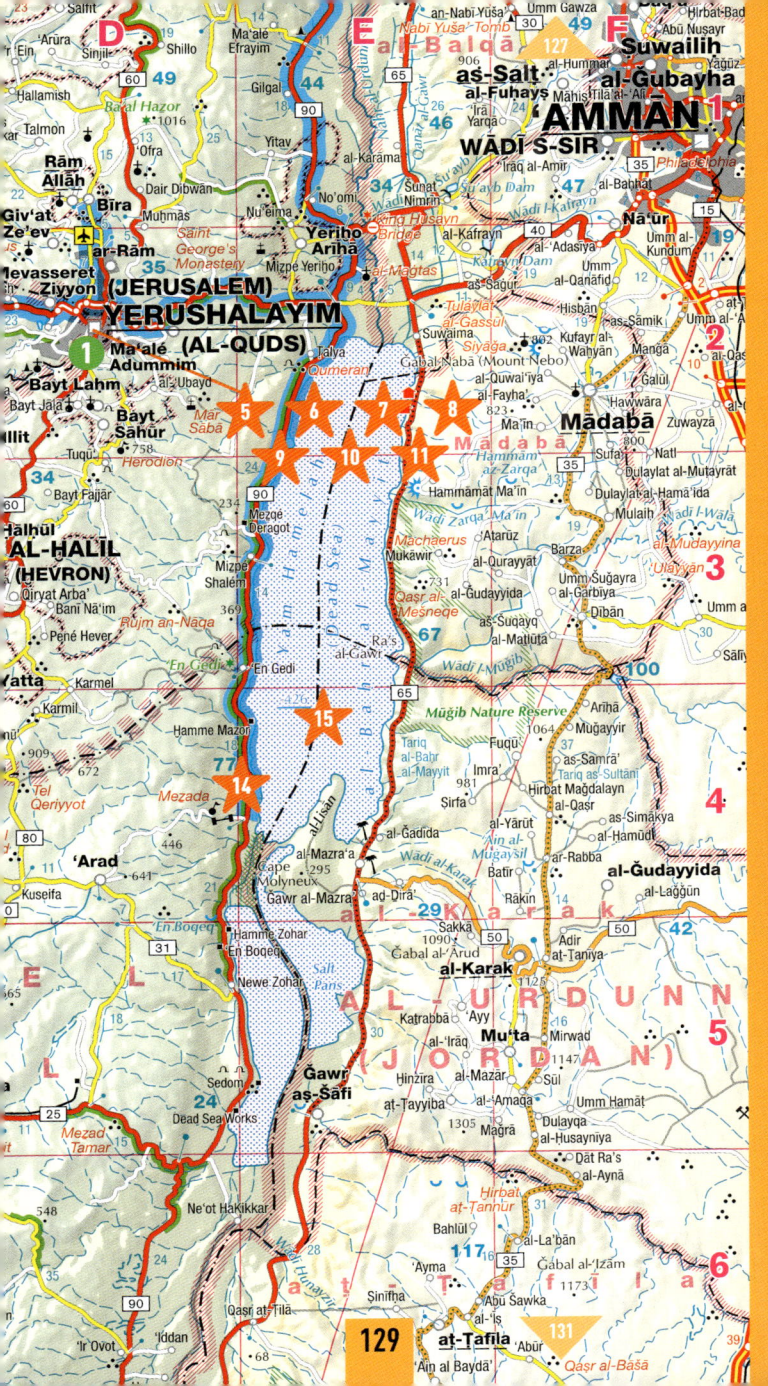

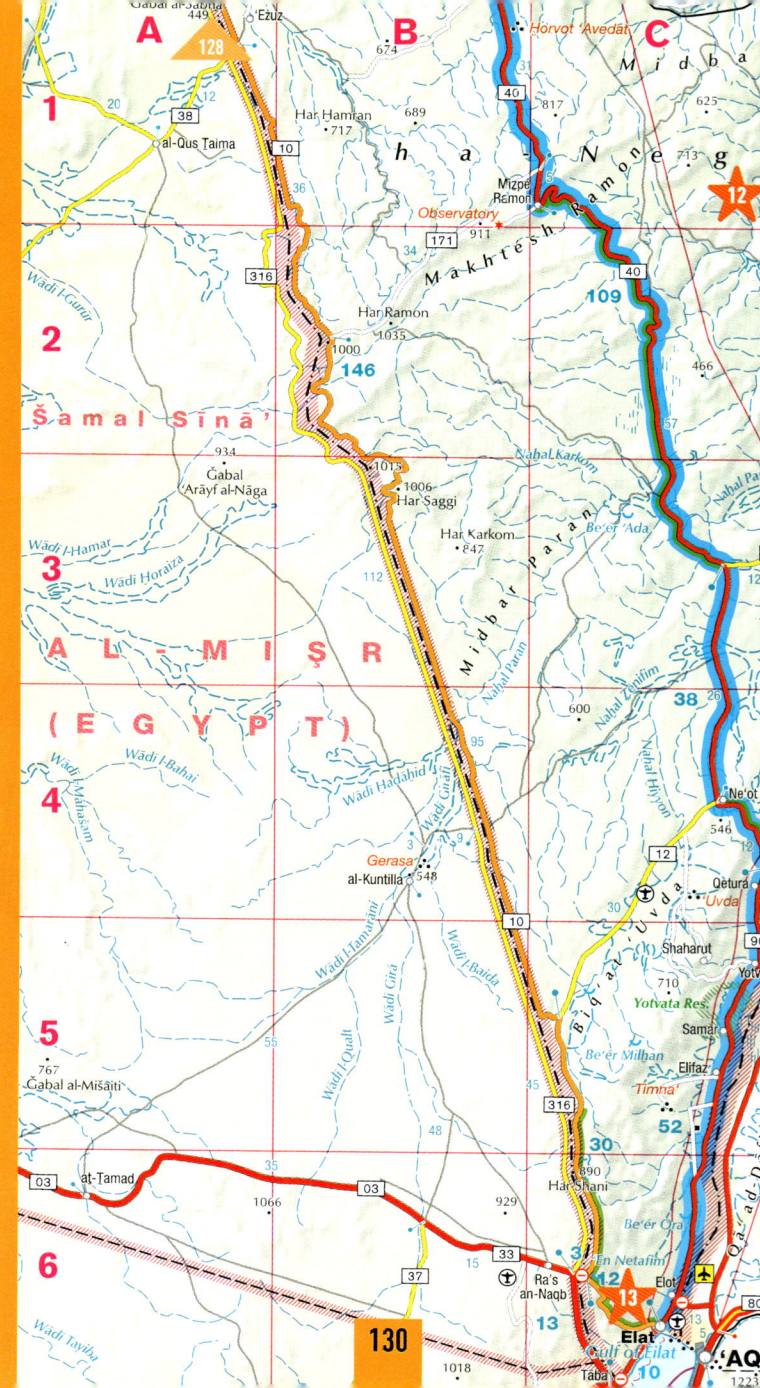

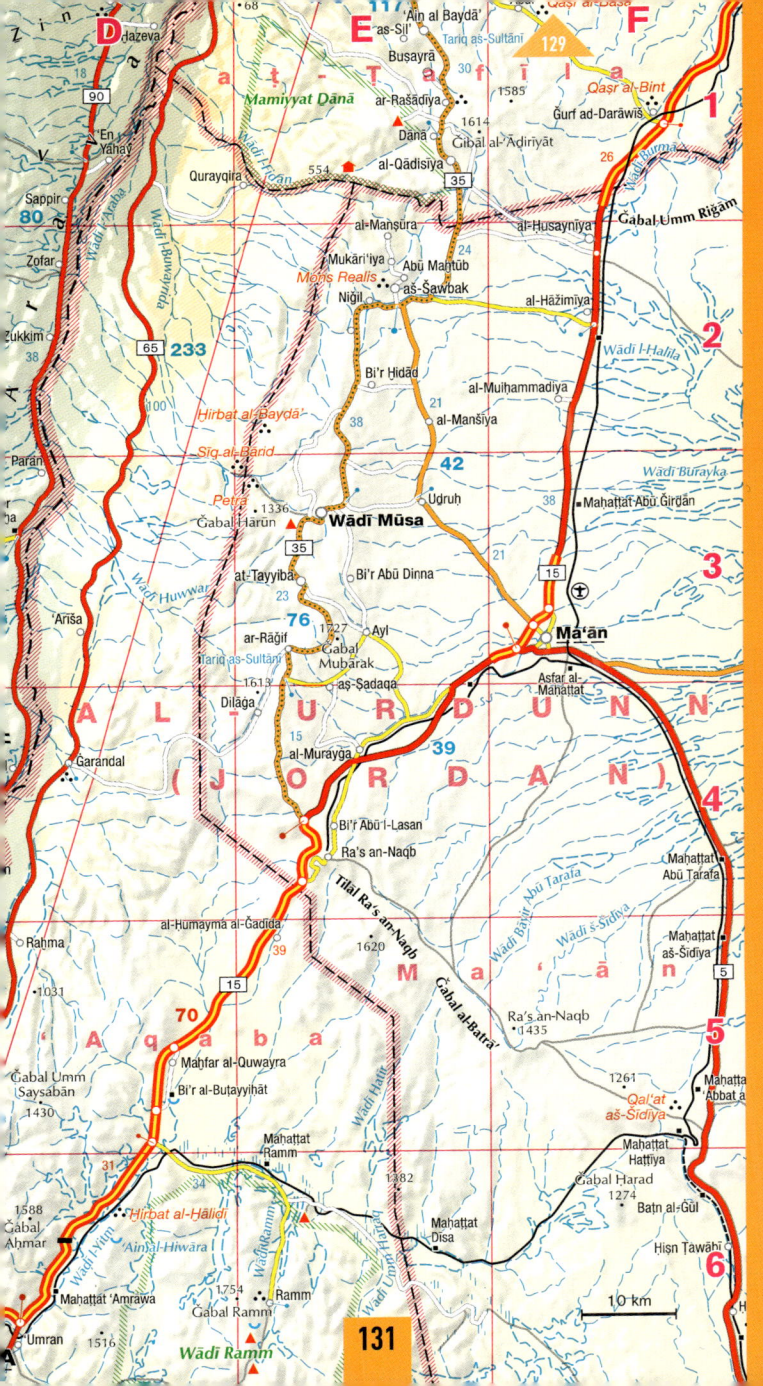

KARTENLEGENDE

Autobahn mit Anschlussstellen
Motorway with junctions

Autobahn in Bau
Motorway under construction

Mautstelle
Toll station

Raststätte mit Übernachtung
Roadside restaurant and hotel

Raststätte
Roadside restaurant

Tankstelle
Filling-station

Autobahnähnliche Schnell-
straße mit Anschlussstelle
Dual carriage-way with
motorway characteristics
with junction

Fernverkehrsstraße
Trunk road

Durchgangsstraße
Thoroughfare

Wichtige Hauptstraße
Important main road

Hauptstraße
Main road

Nebenstraße
Secondary road

Fernverkehrsbahn
Main line railway

Autozug-Terminal
Car-loading terminal

Bergbahn
Mountain railway

Kabinenschwebebahn
Aerial cableway

Sessellift
Chair-lift

Eisenbahnfähre
Railway ferry

Autofähre
Car ferry

Schifffahrtslinie
Shipping route

Landschaftlich besonders
schöne Strecke
Route with
beautiful scenery

Alleenstr.
Touristenstraße
Tourist route

Straße für Kfz gesperrt
Road closed to motor traffic

8%
Bedeutende Steigungen
Important gradients

Grenzkontrollstelle
Check-point

Grenzkontrollstelle mit
Beschränkung
Check-point with
restrictions

Observatory
'En Gedi
Sehenswert: Kultur - Natur
Of interest: culture - nature

Badestrand
Bathing beach

Besonders schöner Ausblick
Important panoramic view

Nationalpark, Naturpark
National park, nature park

Sperrgebiet
Prohibited area

Kirche, Kloster
Church, Monastery

Moschee
Mosque

Kasbah, Maraboutgrabmal
Kasba, Tomb Marabout

Schloss, Burg
Palace, castle

Ruinen
Ruins

Leuchtturm, Turm
Lighthouse, Tower

Maurische Burg
Moorish castle

Höhle, Monument
Cave, Monument

Ausgrabungsstätte
Archaeological excavation

Feriendorf
Tourist colony

Allein stehendes Hotel
Isolated hotel

Campingplatz
Camping site

Palmenhain
Grove of palm-trees

Flughafen, Regionalflughafen
Airport, Regional airport

Staatsgrenze
National boundary

Umstrittene Staatsgrenze
Controversial boundary

Palästinensische Autonomiegebiete
'A-Zonen'
Full Palestinian civil and
security control

JERUSALEM
Hauptstadt
Capital

HAIFA
Verwaltungssitz
Seat of the administration

Ausflüge & Touren
Trips & Tours

Perfekte Route
Perfect route

MARCO POLO Highlight
MARCO POLO Highlight

ALLE **MARCO POLO** REISEFÜHRER

DEUTSCHLAND

Allgäu
Amrum/Föhr
Bayerischer Wald
Berlin
Bodensee
Chiemgau/
  Berchtesgadener
  Land
Dresden/
  Sächsische
  Schweiz
Düsseldorf
Eifel
Erzgebirge/
  Vogtland
Franken
Frankfurt
Hamburg
Harz
Heidelberg
Köln
Lausitz/
  Spreewald/
  Zittauer Gebirge
Leipzig
Lüneburger Heide/
  Wendland
Mark Brandenburg
Mecklenburgische
  Seenplatte
Mosel
München
Nordseeküste
  Schleswig-Holstein
Oberbayern
Ostfriesische Inseln
Ostfriesland/
  Nordseeküste
  Niedersachsen/
  Helgoland
Ostseeküste
  Mecklenburg-
  Vorpommern
Ostseeküste
  Schleswig-Holstein
Pfalz
Potsdam
Rheingau/
  Wiesbaden
Rügen/Hiddensee/
  Stralsund
Ruhrgebiet
Sauerland
Schwäbische Alb
Schwarzwald
Stuttgart
Sylt
Thüringen
Usedom
Weimar

ÖSTERREICH SCHWEIZ

Berner Oberland/
  Bern
Kärnten
Österreich
Salzburger Land
Schweiz
Steiermark
Tessin

Tirol
Wien
Zürich

FRANKREICH

Bretagne
Burgund
Côte d'Azur/
  Monaco
Elsass
Frankreich
Französische
  Atlantikküste
Korsika
Languedoc-Roussil-
  lon
Loire-Tal
Nizza/Antibes/
  Cannes/Monaco
Normandie
Paris
Provence

ITALIEN MALTA

Apulien
Capri
Dolomiten
Elba/Toskanischer
  Archipel
Emilia-Romagna
Florenz
Gardasee
Golf von Neapel
Ischia
Italien
Italienische Adria
Italien Nord
Italien Süd
Kalabrien
Ligurien/Cinque
  Terre
Mailand/Lombardei
Malta/Gozo
Oberital. Seen
Piemont/Turin
Rom
Sardinien
Sizilien/Liparische
  Inseln
Südtirol
Toskana
Umbrien
Venedig
Venetien/Friaul

SPANIEN PORTUGAL

Algarve
Andalusien
Barcelona
Baskenland/Bilbao
Costa Blanca
Costa Brava
Costa del Sol/
  Granada
Fuerteventura
Gran Canaria
Ibiza/Formentera
Jakobsweg/Spanien
La Gomera/

El Hierro
Lanzarote
La Palma
Lissabon
Madeira
Madrid
Mallorca
Menorca
Portugal
Sevilla
Spanien
Teneriffa

NORDEUROPA

Bornholm
Dänemark
Finnland
Island
Kopenhagen
Norwegen
Oslo
Schweden
Stockholm
Südschweden

WESTEUROPA BENELUX

Amsterdam
Brüssel
Dublin
Edinburgh
England
Flandern
Irland
Kanalinseln
London
Luxemburg
Niederlande
Niederländische
  Küste
Schottland
Südengland

OSTEUROPA

Baltikum
Budapest
Danzig
Estland
Kaliningrader
  Gebiet
Krakau
Lettland
Litauen/Kurische
  Nehrung
Masurische Seen
Moskau
Plattensee
Polen
Polnische
  Ostseeküste/
  Danzig
Prag
Riesengebirge
Russland
Slowakei
St. Petersburg
Tallinn
Tschechien
Ukraine
Ungarn
Warschau

SÜDOSTEUROPA

Bulgarien
Bulgarische
  Schwarzmeer-
  küste
Kroatische Küste/
  Dalmatien
Kroatische Küste/
  Istrien/Kvarner
Montenegro
Rumänien
Slowenien

GRIECHENLAND TÜRKEI ZYPERN

Athen
Chalkidiki
Griechenland
  Festland
Griechische Inseln/
  Ägäis
Istanbul
Korfu
Kos
Kreta
Peloponnes
Rhodos
Samos
Santorin
Türkei
Türkische Südküste
Türkische Westküste
Zakinthos
Zypern

NORDAMERIKA

Alaska
Chicago und
  die Großen Seen
Florida
Hawaii
Kalifornien
Kanada
Kanada Ost
Kanada West
Las Vegas
Los Angeles
New York
San Francisco
USA
USA Neuengland/
  Long Island
USA Ost
USA Südstaaten/
  New Orleans
USA Südwest
USA West
Washington D.C.

MITTEL- UND SÜDAMERIKA

Argentinien
Brasilien
Chile
Costa Rica
Dominikanische
  Republik
Jamaika
Karibik/

Große Antillen
Karibik/
  Kleine Antillen
Kuba
Mexiko
Peru/Bolivien
Venezuela
Yucatán

AFRIKA UND VORDERER ORIENT

Ägypten
Djerba/
  Südtunesien
Dubai
Israel
Jordanien
Kapstadt/
  Wine Lands/
  Garden Route
Kapverdische Inseln
Kenia
Marokko
Namibia
Qatar/
  Bahrain/
  Kuwait
Rotes Meer/Sinai
Südafrika
Tansania/
  Sansibar
Tunesien
Vereinigte
  Arabische Emirate

ASIEN

Bali/Lombok
Bangkok
China
Hongkong/
  Macau
Indien
Indien/Der Süden
Japan
Kambodscha
Ko Samui/
  Ko Phangan
Krabi/Ko Phi Phi/
  Ko Lanta
Malaysia
Nepal
Peking
Philippinen
Phuket
Rajasthan
Shanghai
Singapur
Sri Lanka
Thailand
Tokio
Vietnam

INDISCHER OZEAN UND PAZIFIK

Australien
Malediven
Mauritius
Neuseeland
Seychellen
Südsee

REGISTER

Im Register sind alle in diesem Band erwähnten Orte und Ausflugsziele verzeichnet sowie eine Reihe wichtiger Namen und geografischer Begriffe. Gefettete Seitenzahlen verweisen auf den Haupteintrag.

SCHREIBEN SIE UNS!

SMS-Hotline: 0163 6 39 50 20

Egal, was Ihnen Tolles im Urlaub begegnet oder Ihnen auf der Seele brennt, lassen Sie es uns wissen! Ob Lob, Kritik oder Ihr ganz persönlicher Tipp – die MARCO POLO Redaktion freut sich auf Ihre Infos.

Wir setzen alles dran, Ihnen möglichst aktuelle Informationen mit auf die Reise zu geben. Dennoch schleichen sich manchmal Fehler ein – trotz gründ-

E-Mail: info@marcopolo.de

licher Recherche unserer Autoren/innen. Sie haben sicherlich Verständnis, dass der Verlag dafür keine Haftung übernehmen kann. Kontaktieren Sie uns per SMS, E-Mail oder Post!

MARCO POLO Redaktion
MAIRDUMONT
Postfach 31 51
73751 Ostfildern

IMPRESSUM
Titelbild: Felsendom und Kuppel Marienkirche in Jerusualem (Huber: Szyszka); Tauben (Getty Images/Flickr: Toussia-Cohen)
Fotos: DuMont Bildarchiv: Argus (6, 45, 71, 106, 108/109); Eretz Hatzvi Event (16 M.); © fotolia.com: foodcolors (16 o.); Getty Images/Flickr: Toussia-Cohen (1 o.); G. Hartmann (2 M. o., 2 M. u., 2 u., 3 o., 5, 7, 9, 30 l., 30 r., 32/33, 54/55, 56, 63, 64/65, 77, 85, 95, 99, 100, 112 o., 112 u., 113); G. Heck (1 u.); Huber: Schmid (10/11, 28, 34, 39, 41, 47, 61, 66, 72, 90, 93, 102/103, 124/125), Szyszka (1 o.); F. Ihlow(Klappe links, 12/13, 18/19, 28/29); KOTIK PRECIOUS METAL: Guli Cohen (16 u.); Laif: Amsler (104), Gerald (108), Kerrber (3 u., 96/97), Hilger (8, 58), Polaris (80), Shabi (83, 109); Laif/hemis.fr: Maisant (48, 51); Laif/Le Figaro Magazine: Martin (3 M., 53, 86/87); Laif/REA: Kotz (27); Look: Fleisher (106/107); mauritius images: Alamy (24/25, 37, 107), Clasen (26 r.), von Poser (2 o., 4, 26 l.); La Terra Magica: Lenz (Klappe rechts, 15, 20, 23, 29, 42, 69, 74, 79, 88); Philip Blau: Anatoly Michaelo (17 u.); Rebooks: Dov Shechter (17 o.)

11. Auflage 2013
Komplett überarbeitet und neu gestaltet
© MAIRDUMONT GmbH & Co. KG, Ostfildern
Chefredaktion: Michaela Lienemann (Konzept, Chefin vom Dienst), Marion Zorn (Konzept, Textchefin)
Autor: Gerhard Heck; Redaktion: Nadia Al Kureischi
Verlagsredaktion: Anita Dahlinger, Ann-Katrin Kutzner, Nikolai Michaelis
Bildredaktion: Gabriele Forst, Barbara Schmid
Im Trend: wunder media, München
Kartografie Reiseatlas: © MAIRDUMONT, Ostfildern; Kartografie Faltkarte: © MAIRDUMONT, Ostfildern
Innengestaltung: milchhof:atelier, Berlin; Titel, S. 1, Titel Faltkarte: factor product münchen
Sprachführer: in Zusammenarbeit mit Ernst Klett Sprachen GmbH, Stuttgart, Redaktion PONS Wörterbücher
Das Werk einschließlich aller seiner Teile ist urheberrechtlich geschützt. Jede urheberrechtsrelevante Verwertung ist ohne Zustimmung des Verlags unzulässig und strafbar. Das gilt insbesondere für Vervielfältigungen, Übersetzungen, Nachahmungen, Mikroverfilmungen und die Einspeicherung und Verarbeitung in elektronischen Systemen.
Printed in China

BLOSS NICHT ☝

Einige Hinweise, die Ärger oder Enttäuschungen ersparen können

DIE SHABBAT-RUHE STÖREN

Gott ruhte am siebten Schöpfungstag, und in der Bibel verlangt er von den Menschen, dies auch zu tun. Aber er verlangt noch mehr, z. B. „Ihr sollt kein Feuer anzünden in all Euren Stätten am Shabbat" (2. Moses 35,3). Für fromme Juden gilt dieses Gebot absolut: Deshalb rauchen sie am Shabbat nicht. In vielen Hotels werden nachlässige Besucher am Shabbat durch Tischkärtchen gebeten, sich dieser Sitte anzuschließen. Wegen 2. Mose, Vers 35 fahren orthodoxe Juden am Shabbat auch kein Auto, weil der Zündfunke im Motor eine neuzeitliche Variante von Feuer ist. Der Stadtteil Mea Shearim in Jerusalem ist an diesem Tag für alle Autos gesperrt. Am Shabbat wollen die Gläubigen an der Klagemauer nicht fotografiert werden. Das sollte man unbedingt respektieren, denn die Betroffenen unterbinden notfalls jeden Versuch in Selbsthilfe.

ENTTÄUSCHT SEIN ÜBER DAS GESCHÄFT „HEILIGES LAND"

Im Heiligen Land und besonders an den Heiligen Stätten geht es auch sehr irdisch zu. Tiefe Religiosität und gnadenloses Abzocken – beides ist gleichzeitig zu erleben. In Jerusalem und um die Grabeskirche am heftigsten: Dornenkronen in den Größen S bis XXL werden als Souvenirs angeboten und schwere Holzkreuze zum Tragen auf dem Passionsweg entlang der 14 Stationen der Via Dolorosa gegen Gebühr ausgeliehen. Auch am Grab Jesu, im Zentrum der Grabeskirche, steht immer ein Geistlicher, der die Eintretenden mit dezent ausgestreckter Hand um eine Spende bittet. Die erhält er auch, denn wer will schon dem frommen Diener des Herrn an dessen Grab eine Spende verweigern. Aber man sollte wissen: Es gibt unter den vielen in Jerusalem vertretenen christlichen Konfessionen nur sechs, die in der Grabeskirche vertreten sind und die in jahrhundertelangen Streitereien einen exakten Zeitplan für dieses Spendensammeln ausgehandelt haben.

IM BEN-GURION-FLUGHAFEN GELD TAUSCHEN

Touristen erwerben gern unmittelbar nach Ankunft die Landeswährung, damit sie erste Ausgaben gleich bezahlen können. Wenn überhaupt, dann sollten Sie nur eine kleine Summe im Ben-Gurion-Flughafen tauschen, denn dort zahlen Sie außer den Gebühren noch eine „Airport-Tax", die sich nach der Höhe des Umtauschbetrags richtet und bei 100 Euro ca. 10 Prozent beträgt.

DEN SHABBAT-AUFZUG BENUTZEN

In den Hotelhochhäusern gibt es mehrere Fahrstühle. Da der Herr am siebten Tag Arbeit untersagt, dürfen fromme Juden am Shabbat keinen Fahrstuhlknopf drücken. Deshalb wird in jedem Hotel von Freitagabend bis Samstagabend ein Aufzug so codiert, dass er in jedem Stockwerk automatisch hält. Wenn Sie diesen Aufzug benutzen, benötigen Sie bis zu Ihrem Zimmer im 25. Stock eine halbe Stunde.